청소년이 꼭 읽어야 할
서양고전

청소년이
꼭 읽어야 할
서양고전

강성률 지음

아주 좋은 날

고전을 처음 읽는
청소년들을 위하여

언젠가 서점에서 칸트의 《판단력비판》을 구입하는 고등학생을 본 적이 있다. 그때 필자의 마음은 무척 혼란스러웠다. 잠깐 동안 '저 학생의 행동을 말릴 것인가, 그냥 내버려둘 것인가?' 하는 고민이 머리를 스쳐갔다. 물론 고등학생이 고전을 읽는 것은 좋은 일이고, 마땅히 권장해야 할 일이다. 하지만 문제는 그 학생이 선택한 책이 너무 어렵다는 데 있었다. 어쩌면 독서나 고전 읽기의 효과는 고사하고 '철학이란 너무 어렵고 딱딱한 것이로구나!' 하는 선입견만 갖게 할 가능성이 너무 커서 걱정이 앞섰던 것이다. 그렇다고 철학이나 고전 읽기를 아예 포기하라 할 수도 없는 노릇이다. 여기에서 고전에 대한 사전지식의 필요성이 대두된다.

중국의 소설가이자 문명비평가인 린위탕(임어당)은 "칸트의 《순수이성비판》은 세 페이지 이상 읽을 가치가 없다"라고 말했다. 다양한 해석이 있을 수 있겠지만, 이러한 혹평은 그 책을 읽기가 그만큼 어렵다는 고백으로도 들린다.

《순수이성비판》은 그 명성만큼이나 난해성에 있어서도 타의 추종을 불허했다. 심지어 독일의 독자들 사이에서 "《순수이성비판》은 도대체 언제쯤 독일어로 번역되는 걸까?"라는 우스갯소리가 유행할 정도였다고 한다. 이러한 소문을 의식해서였는지 모르지만, 칸트는 《순수이성비판》에 대한 해설서 겸 보충서로 《프롤레고메나》를 썼다. 그러나 그마저도 이해하기가 어려워 "다시 그에 대한 해설서를 써야 하지 않느냐?"는 농담이 나왔다고 한다.

청소년들에게 이제 고전은 교양을 위해, 아니 시험을 치르기 위해서라도 꼭 읽어야 할 독서 리스트가 되었다. 그러나 고전의 책 제목은 들어봤고, 꼭 읽어야 할 필독서라는 사실도 알고 있지만, 실제로 그 책을 읽는 경우는 극히 드물다. 이 대목에서 친절한 고전 가이드북이 필요하다는 생각이 들었다. 고전이 왜 고전으로서의 가치를 지니는지, 왜 필독서인지, 과연 그 개괄적인 내용이 무엇인지를 소개하는 책이 필요하다는 인식에 따라, 특히 어렵고 고리타분하다는 고정관념을 타파하기 위해 바로 이 책, 《청소년이 꼭 읽어야 할 서양고전》을 쓰게 되었다.

우리는 정보홍수의 시대에 살고 있다. 자고 나면 새로운 정보와 지식들이 생겨나고, 그 양은 날이 갈수록 기하급수적으로 증가하고 있다. 그러나 한 개인이 그 많은 정보를 습득할 수도 없거니와 사실 그럴 필요도 없다. 자신에게 필요한 지식과 정보를 선택하여 받아들이고, 그것을 활용하면 된다. 책을 읽는 일에서도 사정은 마찬가지다. 지금까지 인류 역사상 기록된 책들은 수없이 많거니와, 지금 이 시간에도 많은 책들이 쏟아져 나오고 있다. 역시 그 많은 책을 다 읽을 수도 없고, 그럴 필요도 없다.

중요한 것은 읽을 만한 가치가 있는 책, 읽어서 좋은 책, 반드시 읽어야 할 책이 무엇인지를 알고 그 책을 선택해서 읽는 일이다. 물론 역사상 나타난 고전들 가운데 어느 책을 선택해서 읽을 것인가 하는 것은 보는 이의 관점에 따라, 추천하는 사람에 따라 달라질 수 있다. 따라서 필자가 이 책에서 선택한 고전들이 반드시 최고의 것이라 주장하고 싶지는 않다. 그러나 나름의 원칙을 세워《청소년이 꼭 읽어야 할 동양고전》에서 12편,《청소년이 꼭 읽어야 할 서양고전》에서 13편을 선택했다.

　그 원칙은 첫째, 가장 많이 알려진 책들 가운데 인류의 정신문화에 큰 공헌을 한 고전들을 선택했다. 예컨대, 니체의《차라투스트라는 이렇게 말했다》는 '독일어로 쓰인 철학서 중에서 가장 많이 읽히는 베스트셀러이자 스테디셀러'이며, 니체 스스로는 '인류에게 지금까지 주어진 그 어떤 선물보다도 가장 큰 선물', '제5의 복음서', '미래의 성서'라는 평을 내놓았다.

　둘째, 서양의 고대, 근세, 현대의 책들을 가급적 시대별로 균형을 맞추고자 노력했다.

　셋째, 서울대, 연세대, 고려대가 뽑아놓은 권장도서 중에서 세 곳의 대학이 공통으로 추천한 책을 선택했다. 무엇보다 고전을 읽어야 할 가장 중요한 이유는 인생의 가치관이 형성되는 청소년기에 선현들의 지혜를 배우고, 그럼으로써 세상을 바라보는 시야를 넓히는 데 있다. 그리고 대학입시를 통과해야 할 독자들이 수능이나 논술 시험을 치르는 데 있어서 조금이나마 보탬이 되었으면 하는 마음도 담았다.

　고전들을 쉽고 재미있게 소개하기 위해 딱딱한 내용이나 숫자 표기는 가급적 생략하되, 고전이 전하고자 하는 본질과 그 역사적 의의는 분명하게 밝혔다. 본문은 크게 책을 쓴 저자 소개, 책을 쓰게 된 역사적 배경, 책의 주요 내용, 책의 가치와 의의 등으로 구성하였다.

각 장의 제일 첫머리에 나오는 '저자 소개'에서는 특이하고 재미있는 이야기를 끌어다가 저자의 인간적인 면면을 보태어 보았다. 예를 들어, "남동생과 나는 어머니의 사랑을 놓고 서로 다투었다. 때문에 생후 여덟 달만에 그가 죽었을 때에 기쁨을 느꼈다"라고 하는 프로이트의 고백에서 우리는 그의 진솔한 내면의 소리를 듣는다. 책은 무엇보다 그 사람 자신(저자)을 표현하고 있다고 믿는다. 따라서 그 철학자가 살았던 시대적 배경, 그의 성장환경과 교육정도, 성격, 기질, 인간관계, 가치관 등을 파악하는 일 역시 그의 저서를 이해하는 데 필수불가결한 요소라고 생각한다. 두 번째 단락인 '역사적 배경'도 마찬가지다. 어떤 책이건 어느 날 갑자기 하늘에서 떨어지거나 땅에서 솟아날 수는 없는 노릇이다. 따라서 그것이 세상에 나오게 된 배경을 이해하는 일은 매우 중요하다. 그 다음에는 몸통에 해당하는 '주요 내용'이 나오고, 마지막 단락에서 그 책이 갖는 '가치와 의의'에 대해 이야기하는 방식을 취했다. 특히 고전이 갖는 '가치와 의의'는 우리가 이 고전들을 꼭 읽어야 할 이유가 되기 때문에 빼놓을 수 없었다.

다만 독자들이 해설서 격인 이 책을 읽는 데 만족하지 말고, 원전 혹은 한글 번역서를 찾아 온전히 읽는 기회를 가지길 바란다. 또 그것을 한꺼번에 이해하겠다는 욕심을 버리고, 시간적 여유를 갖고 천천히 읽어주었으면 좋겠다. 나아가 한 번 읽고 내팽개치기보다는 평생을 옆에 두고 필요할 때마다 꺼내보면 더욱 좋겠다.

이 책이 청소년들로 하여금 고전을 온전하게 읽고, 고전의 향기에 푹 빠져들게 하는 촉매제가 되었으면 하는 바람이다.

차례

마키아벨리의《군주론》

군주에게는 사자의 용맹함과 여우의 간교함이 필요하다

 칸트의《순수이성비판》

'형이상학의 모든 비밀을 풀어낼 열쇠'

존 스튜어트 밀의 《자유론》

표현의 자유는 무제한 허용되어야 한다

쇼펜하우어의 《의지와 표상으로서의 세계》

이성은 의지의 보조자에 불과하다

니체의 《차라투스트라는 이렇게 말했다》

모든 사람을 위한,
그러면서도 그 누구를 위한 것도 아닌 책

프로이트의 《꿈의 해석》

꿈의 숨겨진 의미를 해석하다

마르쿠제의 《일차원적 인간》

일차원적 인간은 '행복하지만 멍청하거나' 또는 '멍청해서 행복'하다

사르트르의 《존재와 무》

인간은 먼저 존재하고, 그 다음에 자신의 본질을 만들어간다

플라톤의
《소크라테스의 변명》

소크라테스의 철학과
인간성을 담다

소크라테스,

거리에서 철학적 대화를 나누다

고대 그리스의 철학자인 소크라테스는 페르시아 전쟁*에서 그리스가 승리하고 그 수도였던 아테네가 서서히 세력을 펼쳐나가던 시기에 태어났다. 아버지는 조각가였고, 어머니는 산파*였다.

그의 외모는 크고 둥근 얼굴에 벗어진 이마, 툭 불거진 눈, 뭉툭한 코, 두툼한 입술, 땅딸막한 키, 튀어나온 배, 뒤뚱거리는 걸음걸이 등 전체적으로 보아 추남에 가까웠다. 그는 건강을 위해 체조를 열심히 하고 춤도 열성적으로 추었다고 한다. 그의 제자 플라톤은 스승 소크라테스에 대해 '세 번의 전쟁에 참가할 만큼 용맹을 떨쳤으며, 밤새워 술을 마시고도 끄떡없었다'라고 회고했다.

누추한 옷차림으로 아테네 거리에서 아무나와 대화를 나누는 소크라테스였지만 그의 뒤에는 항상 많은 제자들이 따랐고, 그 가운데는 상류층 출신도 많았다. 소크라테스는 별도의 보수 없이 그들

페르시아 전쟁
기원전 492년 페르시아의 다리우스 1세가 그리스를 침략하여 일어난 전쟁.

산파産婆
산모를 도와 아이 받는 일을 직업으로 하던 여자. 소크라테스는 어머니의 이 직업에 빗대어 자신의 교육방법을 '산파술'이라 이름 붙였다. 산파는 산모가 아이를 낳을 때 옆에서 도와주는 역할만 할 뿐, 산모 대신에 아이를 낳아줄 수는 없다. 마찬가지로 진리라는 옥동자는 배우는 사람 스스로에 의해서 산출되는 것이지, 스승이 대신 낳아줄 수 없다는 의미로 사용되었다.

을 가르쳤고, 기껏해야 저녁 한 끼로 만족하였다.

악처로 이름을 떨친 크산티페

가난이 지긋지긋했던 아내 크산티페는 남편이 철학자라는 직업을 갖지 못하게 하려고 온갖 방법을 다 썼다. 시도 때도 없이 남편을 못살게 굴었는데, 심지어 도망가는 소크라테스의 뒤를 쫓아가 시장 한복판에서 옷을 마구 잡아당겨 찢기도 했다. 아내가 못살게 굴면 굴수록 소크라테스는 서둘러 집을 나와 철학적 담화로 빠져들었다. 남편이 사형당할 때에 아이들이 어렸던 것으로 미루어 그녀는 늙은 소크라테스와 결혼한 듯하다. 후처였다고도 전해지지만 확실치 않으며, 악처의 노릇에 대해서도 후세 사람들의 과장이 좀 심하다는 평이 있다. 그리고 애를 셋이나 둔 나이 어린 크산티페 입장에서 무능한 가장을 들볶는 일은 오히려 당연한 일이었을지 모른다. 그럼에도 불구하고 크산티페는 오늘날까지 악처의 대명사로 불리고 있다.

아내와의 관계에서도 알 수 있듯이, 소크라테스는 참을성에 있어서만큼은 타의 추종을 불허했던 모양이다. 혹독한 겨울 날씨에 맨발로 얼음 위를 걸어갔는가 하면, 이른 아침부터 이튿날 동이 틀 때까지 연병장 한자리에 서서 사색을 했다고도 전해진다.

《소크라테스의 변명》의 역사적 배경

델포이 신전의 비문, 너 자신을 알라!

소크라테스는 당시의 정치가들에게 미움을 받았는데, 그 이유 중의 하나로 델포이 신전*의 신탁사건을 들 수 있다. 소크라테스가 마흔 살 무렵, 그의 친구이자 제자였던 카이레폰이 신전에 가서 아폴론 신*에게 물었다.

"아테네에서 가장 현명한 사람은 누구입니까?"

이때 신전의 무녀는 "소크라테스가 가장 현명하다"라고 대답하였다. 그런데 소크라테스는 평소에 신전의 비문碑文(운문이나 산문으로 묘비 위에 새긴 글)인 "gnothi seauton(네 자신을 알라!)"을 중얼거리며 자신이 가장 무지한 사람이라고 말하고 다녔다. 아이러니하게도 바로 이 점(스스로 무지하다는 것을 잘 알고 있다는 것)이 그가 가장 현명한 아테네인으로 지목을 받은 이유였다. 보통 사람들은 자신이 무지하다는 사실조차 모르고 있는데, 소크라테스는 그 사실을 알고 있으니 바로 그 점에서 그들보다 적어도 한 가지 사실(무지하다는 사실)을 더 알고 있다는 것이었다.

주변 사람들의 시기심을 자극하다

소크라테스가 당대 최고의 철학자로서 많은 아테네인들에게서 존경을 받자, 그를 시기하고 질투하는 정치지도자들과 여러 철학자들이 생겼다. 여기에 소크라테스의 오만(?)한 태도가 더해지면서 많은 사람들을 적으로 돌려놓았다.

또한, 정치 상황도 좋지 않은 방향으로 치달았다. 아테네가 패망

델포이 신전
아테네의 파르나소스 산 중턱에 있으며, 아폴론 신을 모시는 곳이다. 제우스가 독수리 두 마리를 동쪽과 서쪽에 각각 놓아주면서 세계의 중심을 향해 날아가도록 하자, 그 독수리들이 델포이에서 만났다고 한다. 그리하여 그 지점을 돌로 표시하고 그 돌을 '지구의 중심'을 의미하는 '옴팔로스(세계의 배꼽)'이라 부르며 그 주위에 이 신전을 세웠다.

아폴론 신
제우스의 아들. 음악의 명수로서 예술의 수호신이자 활의 명수. 인간에게 최초로 의술을 가르친 의사, 빛의 신, 진리의 신, 태양의 신으로 불린다. 탁월한 예언능력을 발휘했다고 하며, 당시 주변국의 권력자들이 전쟁의 승패를 미리 알기 위해 이 신전을 찾아왔다고 한다.

의 길로 접어들고 있었던 것이다. 펠로폰네소스전쟁®에서 승리를 거둔 스파르타는 아테네에 서른 명으로 구성된 과두체제를 세워 공포정치를 실시하였다. 소크라테스는 이 위원회에 끌려가 교육을 그만두라는 명령을 받는다. 그러나 그는 끝내 자기만의 교육을 고수하는데, 여기에는 나름대로 믿는 구석이 있었다. 과두파 인물 중에 그의 제자와 플라톤의 큰아버지가 있었던 것이다.

그러나 과두정치®가 여덟 달 만에 무너지고 민주제로 바뀌자 소크라테스의 정치적 기반은 상실되고 말았다. 나아가 민주파의 지도자 페리클레스가 죽은 뒤에 아테네를 지배하던 부정한 야심가들에게는 소크라테스가 매우 위험한 인물이었다. 마침내 소크라테스를 시기, 질투해왔던 아나토스, 멜라토스, 라콘 세 사람이 앞장서 그를 고발하기에 이른다. 그들은 소크라테스가 '청년을 부패하게 하고, 나라에서 인정하는 신 대신 다른 신을 믿는다'는 이유를 내세워 고소하였다. 물론 두 가지 이유 모두 부당한 것이었지만, 특히 후자의 경우는 더욱 그러했다. 소크라테스는 평소 자신이 옳지 않다고 생각한 일을 할 때는 그것을 반대하는 양심의 소리®에 귀를 기울여왔는데, 이것을 두고 그가 새로운 신을 믿는다고 매도했던 것이다.

《소크라테스의 변명》의 주요 내용

'아테네의 양심'이라 자부하다

《소크라테스의 변명》은 플라톤의 초기 대화편(플라톤이 스승 소크라테스를 주인공으로 하여 그가 제자들과 나눈 대화를 내용으로 쓴 책) 가운

펠로폰네소스 전쟁
페르시아 전쟁 이후, 아테네를 중심으로 델로스동맹이 맺어졌다. 그러나 얼마 후 아테네에 반대하여 스파르타를 중심으로 한 전쟁이 시작되었는데, 이를 펠로폰네소스 전쟁이라 한다. 결국 양 진영으로 나뉘어져 30년 동안 전쟁이 이어졌다. 이 전쟁에서 스파르타가 승리하긴 했으나 에너지를 소진한 희랍의 도시국가들은 이후 차츰차츰 몰락해갔다.

과두정치寡頭政治
소수의 사람들에게 권력이 집중된 정부의 형태. 보통 귀족제의 타락한 형태라고 보며, 금권정치와 거의 동의어로 사용된다.

양심의 소리
소크라테스는 이를 '다이몬 Daimon'이라고 불렀으며, 신과 인간을 매개하는 중개자 정도로 이해하면 된다. 참고로 영어 'demon'은 악마, 도깨비라는 뜻과 함께 신과 인간의 중간에 위치하는 수호신령으로 해석되기도 한다.

데 하나이며, 소크라테스가 처형된 후 몇 년에 걸쳐 쓰인 것으로 보인다. 모두 세 편으로 구성되어 있으며 1편은 자기를 고발한 사람에게 고하는 최초의 변론, 2편은 유죄 선고 후의 변론, 3편은 사형선고후의 변론이다. 법정에서 이루어진 소크라테스의 변론을 기록한 형식이어서 우리말로는 《소크라테스의 변명》보다 《소크라테스의 변론》이라 번역하는 것이 옳을 것으로 생각된다.

소크라테스에 대한 재판은 500명의 배심원들이 다수결로 판결하는 법정에서 하루 동안 진행되었다. 아테네 법정은 신에 대한 불경죄의 경우, 우선 유죄냐 무죄냐에 대해서만 판결을 내린다. 그런 다음 유죄 판결인 경우, 그 형량을 투표로 정한다. 《소크라테스의 변명》은 원고 쪽의 고소이유서가 낭독된 직후, 소크라테스의 연설로시작된다. 그는 직업 변호인의 도움을 받지 않고 직접 배심원들 앞에서 자신을 변호하였다. 그는 자기 자신이야말로 참되게 청년들을교육하는 '아테네의 양심'이라고 말하면서 폴리스의 신들을 믿지않았다는 비난은 중상모략이라고 주장했다. 그 요지는 다음과 같다.

"나는 허황된 자연학을 연구한 적도 없고, 다른 궤변론자들과 같이 많은 보수를 받고 가르친 적도 없다. 그러나 '무지의 자각'이 '신의 뜻에 따르는 것'임을 믿는다. ……나는 여러분에게 복종하기보다는 오히려 신에게 복종할 것이다. 나의 목숨이 붙어 있는 한, 결코지知를 사랑하고 추구하는 일을 그만두지 않을 것이다."

소크라테스에 대한 판결은 예상대로 유죄였다. 그러나 유죄로투표한 사람이 280명, 무죄로 투표한 사람이 220명으로 표차는 예상보다 적었다. 이제 마지막으로 형량을 결정하는 일만 남았다. 원고 쪽에서 요구한 형량은 사형이었다. 그리고 소크라테스가 스스로 요청한 형량은 마치 재판관들을 조롱이나 하듯, 벌금 단 1므나*였다. 크리톤과 플라톤 등이 부탁한 끝에 그것이 30므나로 늘어나긴 했지만.

죽음은 재앙이 아니다

그리고 형량이 결정되기 전에 다시 피고의 진술이 전개된다. 이때 소크라테스는 사과나 애원 대신에, 오히려 시민들과 배심원들을 꾸짖다시피 하며 정의와 진리에의 길을 설파하였다.

"너희는 너희의 지갑을 가능한 한 많이 채우고, 명성과 존경을 받으려고만 노심초사하고 있구나. 더구나 그것을 부끄러워하지도 않고 도덕적인 판단과 진리, 너의 영혼을 개선하는 데는 조금도 관심이 없으며 또 노력조차 하지 않고 있지 않은가?"

재판관들을 향해 펼친 그의 변호는 피고의 진술이라고 생각할 수 없을 정도였다. 오히려 피고를 향해 나무라는 검사의 모습과 흡사했다. 듣는 사람의 입장에서는 위압적이면서 한편으로 조롱받는 느낌마저 들었다. 그래서였는지 형량에 대한 표결결과는 처음보다 비참했다. 일방적인 표차로 사형이 언도되고 만 것이다.

이때 배심원(재판관)들은 실제로 사형을 시키겠다는 생각보다는 피고(소크라테스)가 알아서 몸을 사릴 것으로 예상했다. 소크라테스가 자신의 철학을 버리고 아테네로부터 추방당하는 길을 선택하든지, 아니면 적어도 그(소크라테스)의 지인들이 알아서 탈옥을 시켜주리라 예상했던 것이다. 그런데 배심원들의 생각은 보기 좋게 빗나갔다. 《소크라테스의 변명》의 3부에 해당하는 소크라테스의 마지막 연설을 들어보자.

므나
당시 아테네의 화폐단위. 프로타고라스가 자기의 가르침에 대해 100므나를 요구했다는 기록이 있는 것을 보면 1므나란 그리 많지 않은 금액인 것 같다. 영국 화폐로는 약 4파운드 1실링 3펜스에 해당한다.

"우리는 죽음을 재앙이라고 생각하지만, 죽음은 두 가지 가능성 가운데 하나가 아닐까요? 첫째, 죽음이 완전히 무로 돌아가는 것일 경우…… 모든 감각이 없어지고 꿈도 꾸지 않을 만큼 깊은 잠과 같을 것인즉, 그보다 더 즐거운 밤이 어디 있겠습니까? 둘째로, 죽음이 이 세상에서 저 세상으로의 여행길과 같은 것이라면…… 생전의 훌륭한 사람들을 만나볼 수 있으니 이 또한 얼마나 좋은 일일까요? 나는 죽음으로써 귀찮은 일로부터 해방되는 것을 오히려 다행이라 여기며, 따라서 나를 고소하거나 유죄로 투표한 사람들에게 화를 내지 않습니다. 이제 떠날 시간이 되었습니다. 나는 사형을 받기 위하여, 여러분들은 살기 위하여…… 그러나 우리 앞에 어느 쪽이 더 좋은 것이 기다리고 있는지는 신 외에 아무도 모를 것입니다."

연설 내용에서 알 수 있듯이, 소크라테스는 삶의 길을 택하는 대신 내세에 대한 자신의 생각을 이야기하며 기꺼이 죽음의 길을 선택한다. 당시 사형선고를 받은 사람은 24시간 안에 처형에 처해지게 되어 있었다. 그러나 델로스 섬의 아폴론 신에게 제물을 바치러 떠난 배가 돌아오지 않자, 소크라테스에 대한 사형집행은 연기되었다.

마침내 배가 들어오는 날 아침에 그의 아내와 친구, 제자들이 감옥에 모였다. 어렸을 때부터 죽마고우였던 크리톤은 "돈이 얼마가 들든지 관리들을 매수할 테니 탈출하게나"라고 권유했다. 그러자 소크라테스는 "이제까지 나는 아테네 시민으로서 아테네 법이 시민에게 주는 특권과 자유를 누려왔네. 그런데 이제 와서 내게 불리해졌다고 그 법을 지키지 않는 것은 비겁하지 않은가?"라며 단호히 거절했다. 이 대목이 오늘날 소크라테스가 '악법도 법이다!'라고 말했다는 부분이다.

🏛 《소크라테스의 변명》의 가치와 의의

살과 피를 가진 철학 그 자체

《소크라테스의 변명》이 행해진 이후, 소크라테스는 감옥에 갇혀 사형집행을 기다리고 있었다.

사형집행 시간은 해가 지는 때로 정해져 있었다. 대개 사형을 언도받은 사람들은 일몰 후까지 마음껏 음식을 먹고 마셨다. 심지어 여자를 불러 욕정을 채우고 나서 독배를 마시는 사람도 있었다. 그러나 소크라테스는 오히려 독배를 빨리 가져오라고 재촉했다. 마침내 배가 들어오는 날 해질 무렵, 간수들이 독배를 가지고 왔다. 약을 받아든 소크라테스는 조용하고 침착하게, 얼굴빛 하나 변하지 않고 독이 든 약을 마셨다. 그는 감옥 안을 거닐다가 다리가 무겁다면서 반듯이 드러누웠다. 하반신이 거의 다 식어갈 무렵, 소크라테스는 얼굴에 가렸던 천을 제치고 마지막으로 이렇게 말했다.

"오! 크리톤, 아스클레피오스*에게 닭을 한 마리 빚졌네. 기억해 두었다가 갚아주게나."

당시에는 누구든지 병에 걸렸다가 나으면 감사의 뜻으로 의약의 신 아스클레피오스에게 닭 한 마리를 바치는 풍습이 있었다.

야스퍼스가 말했듯이, 소크라테스에게 죽음은 비극이 아니었다. 그는 이미 죽음을 초월했기 때문이다. 절대적 진리와 정의를 향한 그의 정신 앞에 죽음은 결코 장애물이 될 수 없었다. 그는 살과 피

아스클레피오스
그리스 로마 신화에 나오는 의술醫術의 신으로 아폴론의 아들이다. 아스클레피오스가 의술을 배워 죽은 사람까지 살릴 수 있게 되자, 제우스는 번개를 쳐 그를 죽인다. 인간이 그를 통해 불사不死의 능력을 얻을까 두려웠기 때문이다. 그러나 아폴론의 간곡한 부탁이 거듭되자 제우스는 그를 별로 바꾸었고, 이리하여 '뱀 주인자리'가 생겨났다. 이때부터 뱀은 아테네 사람들에게 약초를 발견하는 비법을 알고 있는 동물로 믿어졌고, 뱀을 위해 수탉이 제물로 바쳐졌다.

를 가지고 사람의 모습을 한, 철학 그 자체였다. 소크라테스 자신은 아무런 저서도 남기지 않아 그 사상의 핵심이 잘 알려져 있지 않다. 그럼에도 불구하고 인류 역사에 커다란 발자취를 남기고 세계 4대 성인으로 손꼽히는 것은 그의 독특한 인품과 더불어 그 죽음의 장면이 일으키는 추념의 마음에서 비롯된 것이 아닐까 싶다.

소크라테스 철학의 진수

소크라테스의 대화록 가운데 특별히 《소크라테스의 변명》이 주목을 받는 이유는 첫째, 그의 핵심사상이 잘 집약되어 있기 때문이다. 소크라테스 자신의 치열하고도 경건한 철학정신이 잘 묘사되어 있는 《소크라테스의 변명》은 소크라테스 철학의 진수를 담고 있다.

둘째, 《소크라테스의 변명》은 대부분의 역사적인 사실과 부합하고 있다. 소크라테스 자신은 저서를 남긴 일이 없고, 우리에게 전해지는 대화록의 대부분은 플라톤이 기록한 것들이다. 그러다 보니 작자(플라톤)의 창작적인 측면이 가미되었을 법도 한데, 이 저작만큼은 사실묘사에 충실했다는 평가를 받고 있다. 나아가 《소크라테스의 변명》은 플라톤의 작품 중 백미白眉에 속하고, 예로부터 그리스 문학의 역사에서 산문문학을 대표하는 작품으로 평가받아왔다.

2. 다음 고대 서양 사상가가 강조하는 삶의 태도로 옳은 것은? [3점]

> 여러분! 더 이상 지혜를 사랑하지 않는다는 조건으로 저를 무죄 방면한
> 다 할지라도, 제가 살아가는 동안, 그리고 할 수 있는 한, 지혜를 사랑하
> 는 것도, 여러분의 무지를 자각시키는 일도 결코 그만두지 않을 것입니
> 다. 이 점을 고려하여 저의 무죄 방면 여부를 결정하십시오. 설령 몇 번을
> 죽인다 할지라도 제가 달리 처신하는 일은 없을 테니까요.

① 가치의 상대성을 바탕으로 개인의 판단을 존중해야 한다.
② 대다수가 동의한 의견을 절대적 기준으로 수용해야 한다.
③ 보편적 진리에 대한 주관적 인식과 해석을 허용해야 한다.
④ 도덕의 객관적 기준을 따르고자 하는 신념을 고수해야 한다.
⑤ 공동체에서 통용되는 관습을 도덕 판단의 원리로 강조해야 한다.

답 ④

플라톤의
《국가론》

현실세계에서
이데아계의 실현을 꿈꾸다

Platon

플라톤,
유럽 최초의 대학 아카데미아를 세우다

플라톤은 아테네의 명문가에서 태어났으며, 일찍부터 귀족의 자제에 어울리는 교육을 받았다. 그는 체격이 건장했고, 그림공부도 했으며, 서정시와 비극을 썼다고도 한다. 원래 그의 꿈은 정치가가 되는 것이었다. 그러나 스무 살 때 비극 경연대회에 나갔다가 극장 앞에서 소크라테스의 강연을 듣고 크게 감명을 받아 철학에만 전념하기로 결심했다. 그는 21세부터 28세까지 소크라테스의 제자가 되어 가르침을 받았는데, 스승에 대한 부당한 판결과 죽음에 충격을 받고, 이후 민주주의 제도 자체에 회의적인 태도를 보이게 된다.

한때 디오니소스 1세를 만나 자신의 정치적인 이상들을 실현해 보려고 애쓰지만, 도리어 이 전제군주의 음모에 걸려 노예시장에 팔리게 된다. 이때 안니케리스라는 돈 많은 상인이 몸값을 대신 치러주어 석방될 수 있었다. 아테네로 돌아와 그 돈을 갚으려 했지만 받지 않자 헤로스 아카데모스 신전 근처의 한 정원을 사들여 교육기관을 세우고, 무보수로 학생들을 가르치기 시작한다. 그리고 신전 이름을 따서 그곳의 이름을 아카데미아^{Akademia}라고 지었다. 유럽 최초의 대학은 이렇게 세워졌던 것이다.

플라토닉 러브

플라톤과 관련하여 유명한 말이 바로 '플라토닉 러브'인데, 이것은 육체적인 욕망과는 대조되는 것으로 연인에 대한 정신적인 사랑쯤으로 이해된다. 그러나 플라톤은 여자에 대해 존경을 나타낸 적이 없다. 도리어 "여자란 남자보다 덕에 있어서는 훨씬 뒤처지고, 남자보다 약한 족속이며, 잔꾀가 많고 교활하다. 여자는 천박하고 화를 잘 내며, 남을 비방하기 좋아하는 데다 소심하며 미신을 잘 믿는다"라고 말했다.

결혼에 대해서도 '오직 유능하고 성품이 좋은 아이를 낳아서 잘 기른다'는 제도적 관점에서만 보았다. 여자는 전쟁에서 승리한 남자에게 상으로 주어졌으며, 극단적으로는 남자들의 공동소유로 간주되었다. 그 때문인지 몰라도 플라톤은 평생 결혼을 하지 않았다. 이처럼 플라톤이 생각한 남녀 간의 사랑은 애정이 넘쳐흐르는 것과는 거리가 멀다. 결국 플라토닉 러브라는 용어는 플라톤의 이상적이고 관념적인 철학에서 막연히 유추하여 형성된 것이 아닌가 여겨진다.

🏛️ 《국가론》의 역사적 배경

책을 쓰는 일은 아름다운 유희일 뿐이다

플라톤의 저서는 소크라테스와의 대화를 엮어나간 것이 대부분이다. 따라서 대화록을 읽다 보면 소크라테스의 사상과 플라톤의 사상이 뒤섞여 있어서 어디까지가 소크라테스의 사상이고, 어디서부터가 플라톤의 사상인지 구별하기 어렵다. 그가 남긴 많은 대화록 가운데 중요한 것을 골라보면《소크라테스의 변명》,《향연》,《파이돈》,《국가론》,《우주론》,《법률》 등이 있다. 그 책들은 약 50여 년에 걸쳐 방대한 규모로 이루어졌는데, 플라톤은 강의에 더 큰 뜻을 두었고 집필은 그저 '아름다운 유희' 정도로만 생각했다.

가장 좋은 이상국가란 어떤 것인가?

이 가운데《국가론》은 플라톤의 저서 중 가장 유명한 책으로, 플라톤 철학과 정치학에 관한 내용을 담고 있다. 소크라테스가 주도하는 대화체로 쓰여진 이 책은 주인공 소크라테스를 비롯한 다양한 아테네인과 외국인들이 등장하여 정의(올바름)가 무엇인지에 대해 논하고, 철인왕哲人王과 수호자들이 다스리는 이상사회를 그리며, 정의로운 사람이 불의한 사람보다 과연 더 행복한지 그 여부를 따지고 있다. 또한, 철학자의 역할, 이데아론, 시가詩歌의 위상, 영혼 불멸성에 대해서도 언급하고 있다.

책 제목의 기원이 된 폴리스polis는 현재의 '도시'나 '도시국가'에 해당하는데, 이 때문에 번역본의 제목이 주로 '국가'라고 되어 있다. 하지만 폴리스는 국가일 뿐만 아니라 당시의 삶의 방식을 포함하는 것으로, '우리는 어떻게 모여 살아가는가?'라는 의미로 이해하면 될 것 같다.

주요 등장인물은 토론의 주인공인 소크라테스와 칼케돈의 소피스트 트라시마코스, 케팔로스(늙은 무기제조공)의 아들들이며, 배경 도시는 아테네와 긴 성벽 회랑으로 연결된 외항外港 피라이에우스이다. 마침 이곳에서는 벤디스 여신을 기념하는 축제가 열리고 있었는데, 벤디스는 전쟁과 사냥의 여신으로서 트라키아 지방에서 들어온 이방신異邦神이다. 아테네 사람들은 벤디스 여신을 자신들의 아르테미스 여신과 동일하게 간주하여 기원전 431년 펠로폰네소스 전쟁이 일어났을 때부터 이 축제를 열기 시작했다. 기원전 429년 6월 19일에 열린 이 축제에 소크라테스와 그 일행이 참석했고, 돌아오는 길에 폴레마르코스를 만나 그의 아버지 댁을 방문하게 된 것이다. 이곳에서 그들의 대화가 이루어지는데, 다음날 그 내용을 소크라테스가 이야기하는 형식으로 되어 있다.

소크라테스가 케팔로스에게 인생의 경험을 들려달라고 요청하자, 케팔로스는 "노령이란 연애나 식욕을 포기해야 하는데, 그것은 불행이 아니고 오히려 자유와 행복이다"라고 말한다. 여기에서 이야기의 실마리가 시작되고 행복과 정의의 관계가 논의된다. 그리고 정의란 개인이 아닌 공적 입장에서 다루어져야 하기 때문에 '국가란 무엇이고, 가장 좋은 이상국가란 어떤 것인가'에 대한 논의로 연결된다.

🏛 《국가론》의 주요 내용

정의란 무엇인가?

《국가론》은 10권으로 되어 있으며, 각 권의 중요한 내용은 다음과 같다.

제1권 정의란 무엇인가?

제2권 국가의 탄생

제3권 통치자의 자격

제4권 국가에 필요한 덕목(지혜, 용기, 절제, 정의)

제5권 아내와 자식의 공유 문제, 이상국가란 철학자가 다스리는 국가

제6권 철학자가 국가를 다스려야 하는 이유

제7권 선의 이데아와 이상국가

제8권 잘못된 국가체제

제9권 가장 행복한 인간은 지혜를 사랑하는 자

제10권 영혼 불멸설

'정의란 무엇인가'란 질문에 대해, 폴레마르코스는 "선한 자를 이롭게 하고, 악한 자를 해롭게 하는 것"이라고 대답한다. 이에 대해 소크라테스는 "누군가를 해롭게 하는 것이 과연 올바른 일인가?"라고 묻는다. 트라시마코스는 "정의란 다스리는 자(강자)의 이익이다. 법은 마치 거미줄 같아서 작은 곤충은 걸려들지만 큰 짐승들에게는 아무런 문제가 되지 않는다"라고 말한다. 이에 대해 플라톤은 "결국 정의로운 사람은 잘 살지만, 정의롭지 못한 사람은 잘 살지 못한다"라고 주장했다. 그러나 글라우콘은 "정의란 사회계약의 결과일 뿐

이다. 만인에 대한 전쟁상태에 놓이게 되면, 서로간에 올바르지 못한 짓을 저지르거나 약속을 하는 것이 이익이겠다는 생각을 하게 되기 때문이다"라고 말하고 있다.

가장 이상적인 인간이란?

플라톤은 가장 이상적인 인간을 육체, 정신(영혼), 국가계급 등으로 나누어 상호 유기적인 형태로 제시하고 있다. 먼저 인간의 신체는 머리, 가슴, 배 세 부분으로 구성되어 있으며, 영혼의 활동은 이성, 의지, 욕망으로 나뉜다. 또한, 각각의 영혼이 추구하는 덕은 지혜, 용기, 절제이며 이것들이 모두 합하여 정의를 이룬다.

국가에도 이에 상응하는 세 계급이 있는데 머리 부분에는 지혜가 월등한 통치계급이, 가슴 부분에는 용기 있는 무사계급이, 배 부분에는 절제심을 발휘해야 할 생산계급이 있다. 이처럼 플라톤의 사상에서는 영혼론과 윤리학, 국가론 등이 상호 유기적인 관련을 맺고 있다.

한 개인의 육체적 건강은 신체의 세 부분이 각각 자기의 기능을 원활히 수행할 때 달성되고, 영혼의 내적 평화는 각각의 영혼이 자기 임무를 수행하여 그 분수를 지킴으로써 가능한 것처럼, 이상국가의 정의는 각각의 계급들이 서로 간섭하지 않고 자기의 직분에 충실했을 때 달성된다. 그러므로 바람직한 인간이란 신체가 건강할 뿐 아니라 영혼의 세 부분이 조화를 이룬 상태에서 국가생활 안에서도 계급에 맞는 자기의 위치를 잘 지켜나가는 자라 할 수 있다. 신체의 세 부분 중에서도 특히 머리 부분이 중요하게 취급되는 것처럼, 국가계급에서도 통치계급은 금金계급으로서 이들은 이상국가를 실현하는 데 있어 중추적인 역할을 담당한다.

금金에 해당하는 통치계급에는 정치지도자나 철학자처럼 머리를 써서 지혜로써 국가에 봉사하는 사람들이 속해 있다. 이들은 물질이나 명예에 대한 욕망을 버리고, 어떻게 하면 이상국가를 만들어 나갈 것인가에 대하여 전념해야 한다.

은銀에 해당하는 무사계급에는 외부의 적을 물리치는 군인이나 무사 등이 속한다. 이들은 명예와 권력은 가질 수 있지만 사유재산이나 아내와 자식을 소유할 수 없으며, 향락을 금해야 한다. 플라톤은 통치계급과 무사계급을 '지배계급'이라 부르면서, 이들에게는 사유재산이나 가족을 소유하지 못하도록 해야 한다고 주장했다. 왜 그랬을까? 그것이야말로 부정부패를 방지할 수 있는 방법이라고 믿었기 때문이다.

철鐵에 해당하는 생산계급은 나라를 다스리거나 지킬 의무는 없다. 대신에 모든 국민이 소비해야 할 물질을 만들어 충당해야 할 의무가 있다. 모든 생산계급은 국가의 물질적 필요에 응해야 할 책임이 있는 대신에, 가족이나 사유재산을 가질 권리가 있다.

이처럼 국가의 모든 개인에게는 그 계급에 맞는 권리와 의무가 있기 때문에, 서로에게 간섭하지 않고 자기 맡은 바 임무에 충실할 때 이상국가를 실현할 수 있다고 플라톤은 보았다.

철학자가 왕이 되어야 한다?

이 대목에서 그의 철인정치론이 등장하는데, 플라톤은 "철학자가 왕이 되든지, 제왕이 철학을 공부하든지 해야 한다"라고 하였다. 사물의 본질을 꿰뚫어보고 전체적인 사고를 하는 데 숙달된 철학자가 나라를 다스리면 올바른 정치를 펼 수 있다는 주장이었다. 그러나 그의 소박한 생각이 많은 오해를 불러일으키기도 하였다. 여기에서 말하는 왕은 플라톤 자신을 가리키며, 이것으로 미루어 볼 때 그에게는 왕이 되고자 하는 정치적 야심이 있었다는 것이다.

플라톤의 교육론은 통치자, 국가 지도자를 올바로 양성하기 위한 것으로서, 여기서는 어디까지나 국가 본위의 교육을 강조한다. 또한, 교육이란 나라가 필요로 하는 인재를 양성하는 것이기 때문에 국가는 아이들의 출생 신분을 막론하고 모두에게 똑같은 교육기회를 제공해야 한다고 주장한다.

최초의 유년교육에서 필수과목은 체육과 음악이다. 체육은 튼튼한 체력은 물론이고, 인내심과 용기, 자제력과 같은 정신적 능력을 함께 길러준다. 그러나 자칫 거칠어지기 쉬운 심성을 부드럽게 하고 유연한 성품을 갖추도록 하기 위해 음악도 함께 가르쳐야 한다. 상급 학년이 되면 스무 살이 될 때까지 계산법과 수학, 논리학, 극기 훈련 등을 배우게 되는데, 이 모든 과정이 끝나면 시험을 치른다. 여기에서 통과한 학생들에게만 약 10여 년간 다시 고등교육을 시키고, 이 가운데서 다시 뽑아 5년 동안 철학을 중심으로 하는 지적 훈련을 시킨다. 그 후 15년 동안 실제생활에서의 경험과 민첩성, 상호 경쟁의 냉엄함 등을 체득하게 되면 오랜 동안의 교육과정이 끝나게 된다. 그리고 이들 중에서 선의 이데아를 간파한 자가 철인과 정치가로 추앙받게 된다.

영혼은 죽지 않는다

《국가론》의 끝 부분에 에르신화˚가 나오는데, 그 내용을 보면 다

에르신화
《국가론》의 마지막을 장식하는 이야기. 에르는 팜필리아 부족의 혈통을 이어받은 아르메니오스의 아들이다. 전투에서 사망한 에르가 10일이 지나도 부패하지 않자, 사람들은 시체를 집으로 가져온다. 그런데 12일째 되는 날 화장하기 위해 장작더미 위에 올려놓았을 때 되살아난다. 다시 살아난 에르는 자신이 저승에서 본 것들을 사람들에게 들려준다.

음과 같다.

우리의 혼이 육신을 입고 이 세상에 태어날 때는 불볕이 내리쬐는 긴 들판을 건너야 한다. 물도 없는 그 들판이 다 끝나갈 무렵 레테^{lethe} 강이 나타나는데, 그 강물을 마시자마자 우리의 혼은 과거의 기억을 깡그리 잊게 된다.

모든 혼이 육신으로 다시 태어날 무렵 마시게 되는 이 강물은 우리가 전생前生에 대한 모든 기억을 망각하고 이 세상에 태어나게 만든다. 그런데 이 세상에서의 후천적인 교육이나 경험을 통해 우리는 잊어버렸던 전생의 기억을 되살리게 된다. 다시 말해 우리가 이 세상에서 무엇을 배운다는 것은 이미 전생에서 알고 있었던 것을 다시 기억하는 일이 된다. 지식은 곧 상기想起인 것이다. 희랍어로 진리를 'aletheia'라고 하는데, 'a'는 부정을 나타내는 접두사인 까닭에 aletheia는 곧 비非망각상태를 의미한다. 즉 이 용어는 바로 레테신화와 결부되어 있다. 이 상기설은 플라톤의 영혼 불멸설을 증명하는 데도 이용된다. 즉 상기설을 받아들인다면, 그 자체로서 우리의 영혼이 전생에서도 존속하였다는 증거가 되며, 따라서 육체가 없어지는 후생에서도 존속할 것이라는 유추를 가능하게 하는 것이다.

《국가론》의 가치와 의의

비현실적인 이상

이데아계를 현실세계에서 실현하고자 하는 플라톤의 강렬한 바람은 마치 혁명사상가와 같은 모습으로 그려져 있다. 플라톤은 자신의 정치적 야망인 이상국가를 실현하기 위해 몇 차례 시칠리아 섬의 슈라쿠사로 건너가지만 번번이 실패하고 만다. 그 후에는 오직 제자들을 가르치고 글을 쓰는 데 여생을 보내게 된다.

전체적으로 보아 《국가론》에는 비현실적인 측면이 많이 있다. 따라서 플라톤 철학에 대한 비판 역시 《국가론》에 집중되어 있다. 그것은 개인보다 국가를 지나치게 강조하였다는 점과 그의 주장이 현실과 동떨어져 있다는 점 때문이다.

첫째, 플라톤에 따르면 개인은 어디까지나 국가 전체를 위해 자신에게 주어진 일만 할 수 있다. 이렇게 되면 개인의 자유로운 창의력이나 자율성을 보장받을 수 없다. 또한, 개인의 자유에 대하여 국가가 얼마든지 간섭할 수 있다고 주장한다. 예를 들면, 종교적 이단자에 대해 무자비한 박해를 가할 수 있고, 예술 작품을 검열할 수 있으며, 더 나아가 유전병자나 무능력자를 거세하는 등의 극단적인 우생학적 조치도 가능하다. 이러한 주장은 전체주의적이라는 비판에서 벗어날 수 없다.

둘째, 그의 주장이 비현실적이라는 점은 가령 지배계급에게 사유재산과 가족에 대한 지나친 금욕을 요구하였다는 점에서도 발견할 수 있다. 남자의 소유욕을 과소평가한 것일 뿐만 아니라 '경제를 지배하는 사람이 정치력을 갖게 되는' 정경政經 상호간의 불가분적 관계를 전혀 고려하지 않았다는 지적도 받는다. 또한, 가족과의 관계에서 우러나오는 애정이나 우정, 애향심 같은 것도 플라톤은 무시하였다.

'아폴론의 아들'로 불리다

하지만 플라톤 철학은 그 이전의 모든 사상, 가령 오르페우스 교리와 피타고라스 이론을 통해 나타난 윤회에 대한 믿음과 희랍적인 이성철학을 융합하였다. 또한, 최초의 관념주의자로서 높은 이상을 제시하고, 그것을 달성하도록 인간들을 독려하고 있기도 하다. '선의 이데아'를 향한 그의 국가철학은 연약한 인간에 대한 일종의 채찍질이자 격려였던 셈이다.

플라톤이 80세에 죽자마자 당장 그를 신성시하는 전설이 생겨났고, '아폴론의 아들'이라 불리게 되었다. 미국의 사상가 에머슨은 "철학은 플라톤이요, 플라톤은 철학이다"라고 말했으며, 영국의 철학자 화이트헤드는 "서양철학은 플라톤 철학에 대한 주석에 불과하다"라고 말한 바 있다.

수능기출문제

9. 갑, 을, 병 사상가들 모두가 부정의 대답을 할 질문으로 가장 적절한 것은? [3점]

① 덕은 지식적인 측면과 도덕적인 측면으로 구분되는가?
② 개인의 가치 있는 삶은 공동체 안에서 의미를 갖는가?
③ 반복을 통한 습관화가 지적인 덕을 형성하는가?
④ 악은 의지의 나약함에 의해서 생겨나는가?
⑤ 현실 속에 참된 존재가 있다고 보는가?

답 ③

9. 그림의 (가)~(라)에 들어갈 옳은 질문만을 〈보기〉에서 있는 대로 고른 것은? [3점]

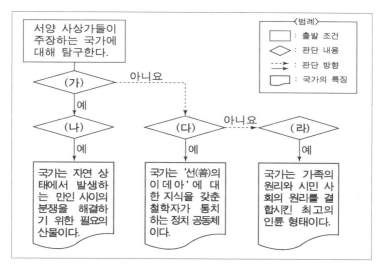

〈보기〉

ㄱ. (가) : 국가는 개인들의 합의에 의해 형성되는가?

ㄴ. (나) : 민주 정치를 이상적인 형태로 간주하는가?

ㄷ. (다) : 정의로운 국가는 세 계급의 조화로 이루어지는가?

ㄹ. (라) : 국가를 개인의 자유 보장을 위한 수단으로 보는가?

① ㄱ, ㄷ   ② ㄷ, ㄹ   ③ ㄱ, ㄴ, ㄷ

④ ㄱ, ㄴ, ㄹ   ⑤ ㄴ, ㄷ, ㄹ

① 昆정

5. 갑, 을은 고대 서양 사상가들이다. 이들의 사상에 대한 설명으로 옳은 것은?

> 갑 : 정의(正義)는 더 강한 자의 이익 이외에 다른 것이 아니다. 똑같은 정의일지라도 어떤 사람에게는 유리하고 어떤 사람에게는 불리하다. 결국 모든 가치 판단은 개인이 처한 상황이나 처지에 따라 달라진다.
>
> 을 : 정의가 무엇인지 먼저 알아야 그것이 덕인지 아닌지, 그것을 지닌 사람이 행복한지 불행한지를 알 수 있다. 정의는 덕이고 지혜이며, 부정의는 악덕이고 무지이다. 정의가 무엇인지를 알면서도 이를 행하지 않을 사람은 없다.

① 갑은 현실을 초월한 세계에서 정의를 찾았다.
② 을은 정의에 관한 보편적 개념을 추구하였다.
③ 갑은 이성으로, 을은 감성으로 정의를 파악한다고 보았다.
④ 갑은 조화를, 을은 이익을 정의의 고유한 특성으로 보았다.
⑤ 갑, 을은 습관화가 정의의 덕을 완성하는데 필수적이라고 보았다.

② 윤리

7. 갑, 을 사상가들에 대한 설명으로 옳은 것은?

> 갑 : 개인의 영혼과 마찬가지로 국가도 그것을 구성하는 세 부분이 있다. 국가에서는 각 계층의 본성에 알맞게 서로 다른 책임과 사회적 역할이 부여된다.
>
> 을 : 국가는 그 자체로 파악되지 않으며 오로지 생산력과 생산 관계에 의해 설명된다. 즉, 생산 양식이 사회의 경제 구조이며, 그것의 토대 위에서 국가가 세워진다.

① 갑은 국가를 가족과 시민 사회가 결합된 인륜 형태라고 본다.
② 을은 개인이 국가의 일원일 때 참된 의미를 가진다고 본다.
③ 갑은 계약에 의해, 을은 자연적으로 국가가 발생한다고 본다.
④ 갑은 국가를 반드시 필요한 것으로, 을은 소멸되는 것으로 본다.
⑤ 갑, 을은 국가가 모든 구성원의 사유 재산을 부정한다고 본다.

마키아벨리의
《군주론》

군주에게는 사자의 용맹함과
여우의 간교함이 필요하다

Machiavelli

마키아벨리,

'마키아벨리즘'을 탄생시키다

마키아벨리는 1469년 이탈리아의 피렌체에서 변호사의 아들로 태어났다. 그의 아버지는 고대 그리스 로마의 인문학을 열광적으로 공부했던 사람으로 아들의 나이 일곱 살 때부터 라틴어 공부를 시켰다.

피렌체 대학을 졸업한 마키아벨리는 스물아홉 살에 피렌체의 제2장관직에 임명된다. 이후 그는 약 14년에 걸쳐 피렌체의 고위공직자로서 내무, 병무, 외교 등의 일을 두루 맡게 된다. 피사^{Pisa}와의 전쟁 중에 프랑스의 지원을 얻으러 파리를 방문한 적이 있는데, 그때 루이 12세와 그의 신하들에게 비웃음을 사게 된다. 그때 일로 마키아벨리는 '이탈리아도 하나의 정부 아래 힘을 합쳐야 한다'는 생각을 굳히게 된다.

"군주는 고대 영웅들의 덕을 본받아야 한다"

마키아벨리의 생애에 먹구름이 끼기 시작한 것은 1512년이었다. 교황이 스페인과 동맹을 맺고 프랑스를 공격했는데, 그 과정에서 프랑스와 가까웠던 피렌체가 스페인군에게 점령당하고 만 것이다. 스페인군은 그동안 자기 나라에 망명해와 있던 피렌체의 옛 지배자 메디치 가※를 복귀시켰다. 이에 메디치가의 사람들은 피렌체에 독재체제를 부활시키고, 공화정부 참여자들을 숙청하기 시작했다. 이때 마키아벨리도 투옥되기에 이른다. 그는 밧줄에 묶여 24시간 동안 매달려 있는 고문을 받지만 끝내 혐의를 부인했고, 결국 석방되었다. 대신 재산의 대부분을 몰수당한 채 산트 안드레아의 작은 농장에서 칩거하는 신세가 된다.

마키아벨리는 이러한 고난의 시간들을 기회로 활용한다. 이때부터 본격적으로 책을 쓰기 시작한 그는 수많은 문학작품과 군사학 서적 외에도 대표적인 저서 《군주론》, 《로마사 논고》, 《피렌체 역사》등의 저작들을 쏟아낸 것이다. 《군주론》에서 그는 "군주가 실패하지 않으려면 기독교적인 미덕은 잠시 잊어버리고, 고대 영웅들의 덕을 본받을 필요가 있다"라고 주장한다. 때로는 거짓말도 하고, 잔혹한 살육도 감행해야 한다는 것이다.

하지만 그의 메시지에는 메아리가 없었다. 《군주론》을 헌정받은 로렌초 데 메디치*가 그 책을 들춰보지도 않았기 때문이다. 메디치 가문의 인정을 받아 공직에 복귀하려던 마키아벨리의 야망은 끝내 좌절되고 만다. 이에 대한 실망감 때문인지 《로마사 논고》에서 그는 "군주제는 열등한 체제이며, 덕을 최대한 육성하려면 공화제를 채택해야 한다"는 메시지를 분명하게 담는다. 그리고 이 책을 메디치

로렌초 데 메디치
이탈리아의 정치가, 시인. 피렌체의 명문 메디치가 출신으로 15세기 최대의 정치가로 꼽힌다. 바쁜 정치생활을 하면서도 많은 문학작품을 썼다.

가의 반대편에 서 있던 공화주의자들에게 바친다.

하지만 '운명'은 다시 한 번 마키아벨리를 조롱하고 만다. 1527년에 공화정이 재건되지만, '메디치 정권 때 어떻든 일을 했다'는 이유로 그가 공직에서 배제되었던 것이다. 실의에 빠진 그는 한 달도 채 지나지 않은 6월 22일에 숨을 거두고 만다.

📜 《군주론》의 역사적 배경

새로운 시대에 새로운 사상이 싹트다

그렇다면 이와 같은 도발적인 사상은 어떤 배경에서 나오게 되었을까? 서양의 중세시대는 주로 농업(봉건영주와 농노)에 의존하던 때였다. 그런데 종교개혁과 르네상스, 자연과학의 발달, 지리상의 발견 등이 겹치면서 농업은 자본주의적 상업과 교통경제에 그 자리를 내주기 시작한다. 이때부터 시대의 주역은 봉건영주에서 부르주아지(유산계급)로 바뀌어가는데, 여기에서 말하는 부르주아지란 지식과 경제력을 동시에 갖춘 중산층을 가리킨다. 시대의 주역이 된 부르주아지는 일반 대중들의 정신에도 큰 영향력을 미치기 시작한다.

이 점은 왕족들에게 오히려 유리하게 작용했다. 왜냐하면 복잡한 사회에 질서를 부여하기 위해서는 절대왕권이 필요했기 때문이다. 여기에서 왕권에 의한 중앙집권체제가 등장하는데, 그것은 절대군주제와 동의어가 되었다.

한 국가의 왕권을 강화시키는 데는 유럽의 당시 상황도 한몫 거들었다. 이 무렵 유럽의 여러 나라에서 서서히 고개를 들기 시작한 민족의식이 오랫동안 서구사회를 지배해왔던 '기독교적 세계제국'이라는 이념을 사라지게 했던 것이다. 이러한 변화는 과거와는 전혀 다른 법이론과 국가이론을 필요로 했다. 이 시점에 혜성처럼 등장한 사상가가 바로 마키아벨리였다.

이탈리아의 통일, 이왕이면 내 고향을 중심으로

당시 마키아벨리의 조국 이탈리아는 국내적으로는 쪼개지고 분열되는 형국이었고, 대외적으로는 유럽의 강대국들이 그 나라를 나누어 가지려고 다툼을 벌이는 상황이었다. 즉 프랑스와 독일이 통일된 국가형태로 발전되어가는 것과 달리, 15세기 말의 이탈리아는 국가 분열이 더욱 촉진되어가고 있었다. 마키아벨리는 이런 점을 안타깝게 생각했다.

결국 '이탈리아가 하나의 정부 아래 단결하여 강대국이 되어야 한다'고 생각하게 된 그는 그 하나의 정부를 자신의 고향으로 상정했다. 자신의 고향인 피렌체를 중심으로 조국이 통일되고 강력한 국력을 되찾기를 열망했던 것이다.

《군주론》의 구상은 로마에 갔을 때 이루어졌는데, 그때 마키아벨리는 교황의 아들에게서 강한 인상을 받았던 것 같다. 그가 쓴 보고서에 이 젊은 공작에 대한 찬사가 가득 들어있기 때문이다.

"초인적인 용기의 소유자이며…… 막후의 비밀공작에 능숙하고…… 놀랄 만큼 빠르게 결단을 내리고, 실행에 옮긴다."

이러한 내용은 훗날 그가 《군주론》에서 그린 이상적인 군주의 모습과 매우 흡사하다.

이밖에도 마키아벨리는 교황 율리우스 2세,[*] 신성로마제국의 황제 막시밀리안 1세, 스페인의 국왕 페르난도 2세 등 각국의 지도자들을 두루 만났으며, 그들의 인물됨과 행동방식을 그리스 로마 고전에 나오는 인물들과 비교해가며 통치술과 국제정세, 정치에 대한 지식과 지혜를 차곡차곡 다져나갔다.

《군주론》의 주요 내용

주저 없이 사악해져라

카이사르나 알렉산드로스 대왕 같은 고대의 영웅들은 용기와 대범함, 솔선수범 등의 덕을 소유한 인물들이다. 그런데 영웅에게 요구되는 덕의 요건이 중세에 들어와 겸손과 유순, 성실과 공평, 정직 등으로 바뀌었다. 마키아벨리는 중세가 끝나가고 근대의 물결이 밀려오는 이때에 다시 한 번 고대의 덕을 되살릴 필요가 있다고 판단했다.

앞서도 말했듯이 그는 "정치와 행정, 외교 등에서 실패하지 않으려면 기독교적인 미덕은 잠시 잊어버리고, 고대 영웅들의 덕을 본받을 필요가 있다"라고 주장한다. 예컨대, 국가 사이의 중요한 협상을 할 때 정직이라는 미덕에 얽매여 자국의 약점을 발설하면 안 된다. 그렇기 때문에 고대 영웅들을 본받아 때로는 거짓말도 하고, 잔혹한 살육도 저질러야 한다는 것이다.

'살인하지 말라'는 것은 성경의 십계명에도 적혀 있는 기본적인 도덕률이다. 그러나 야심을 품고 쿠데타를 꿈꾸는 무리를 죽이지

율리우스 2세
르네상스 시대의 로마 교황으로, 정치적, 문화적으로 교황청의 발전에 큰 성과를 올렸다. 미켈란젤로에게 성 베드로 성당의 시스티나 예배당 천정화 제작을 명했고, 라파엘을 기용하여 벽화 장식을 담당케 하는 등 르네상스 예술 발전에 크게 공헌했다.

않으면 어떻게 되겠는가? 자기 영혼이 지옥에 떨어질 것이 두려워 손을 놓고 있어야 하는가? 이러한 점에서 보았을 때 마키아벨리의 메시지 "필요할 때는 주저 없이 사악해져라!"는 도덕적 니힐리즘(허무주의)이 결코 아니다. 더 큰 도덕과 정의를 지키기 위해 작은 악덕을 행할 필요도 있다는 뜻이다. 바로 그것이 마키아벨리가 꿰뚫어 본 정치의 본질이었다.

인간은 악하고 미련하다

이제는 정치학의 일반명사가 되어버린 '마키아벨리즘'은 마키아벨리의 이름에서 유래하였다. 오늘날 마키아벨리즘은 '목적 달성을 위해 도움이 된다면 어떠한 수단도 정당화될 수 있다'는 의미로 이해되고 있다. 그에 따르면 마지막 승리를 기약하는 것은 오직 기만과 간계, 배신, 거짓 맹세, 폭력 등 비리로 가득한 최후수단일 뿐이다. 그렇다면 그는 왜 이처럼 모질고 독한 주장을 하게 되었을까?

마키아벨리의 주장은 인간에 대한 지극히 부정적인 통찰에서 비롯되었다.

'모든 인간은 악한 데다 미련하기까지 하다. 그러므로 이러한 인간을 지배하기 위해서는 무엇보다 힘이 필요하다. 마치 여자를 정복하기 위해서는 손찌검과 매질을 해야 하는 것과 마찬가지로, 억세게 달려드는 자에게만 행운이 찾아온다. 이러한 사정은 국제사회에서도 마찬가지다. 최후의 승리는 도덕이나 정당성이 아니라 군사력과 정략적 수단에 의하여 결정된다. 만약 역사상 국가 간의 조약이나 평화협정이 제대로 지켜졌다면, 그 많은 전쟁이 있었을 리 만무하다. 국가 간에 힘의 균형이 무너졌을 때는 늘 약소국에 대한 강

대국의 침략이 있어 왔다.'

마키아벨리의 날카로운 통찰은 군주에 대한 충고에서도 드러난다.

'군주는 모름지기 국민의 신뢰를 얻어야 하는데, 그것은 바로 정권의 안정을 위해서다. 신뢰받지 못하는 정권은 위태로운 것이 엄연한 현실이기 때문에, 어떤 방법을 써서라도 그 구성원들의 믿음을 얻어내야 한다. 그리고 그 수단은 기만이나 술수에 의해서도 무방하며, 다만 그것이 기만이라는 사실 자체를 숨길 수 있으면 된다.'

강력한 전제군주가 필요하다

《군주론》은 로렌초 데 메디치에게 바치는 헌사와 본문 26장으로 되어 있으며, 국가·군주·군사 등에 대한 역사적 고찰을 담고 있다. 마키아벨리는 이탈리아의 통일과 안정을 이루기 위해서는 강력한 전제군주가 필요하다고 보았다. 조국, 영광, 힘 이 세 가지 개념은 '조국'이라는 한 단어로 집약할 수 있으며, 이들은 삼위일체°의 관계에 있다고 볼 수 있다.

마키아벨리에 따르면, 국가를 떠난 개인은 상상할 수도 없으며, 도덕과 종교 역시 국가의 법과 일치함으로써만 그 생명력을 발휘할 수 있다. 단, 국가의 법은 국민의 동의가 있어야 받들어지는 것이므로 그 근원은 '국민의 소리'에 두어야 한다.

군주는 조국의 이상을 구현하기 위해 다른 아무것도 돌보지 않아야 한다. 종교도 도덕도 문제시하지 않아야 하고, 옳음과 그름마저도 초월할 수 있어야 한다. 다만 좋은 정치를 위해 국민의 마음을 항상 살펴야 하고, 이것을 이용하거나 만족시킬 수 있는 총명함을 지녀야 한다. 그런데 이러한 사명을 완수하기 위해서는 군대가 반

삼위일체三位一體
천지만물을 창조한 하나님 아버지, 인간의 육신을 입고 이 땅에 내려온 그의 아들 예수 그리스도, 예수가 죽어 하늘로 올라간 후 그를 대신하여 이 땅에 내려온 보혜사 성령, 이 세 가지가 비록 나타나는 방식은 달라도 결국 한 몸이라고 하는 교리. 다시 말해, 성부(하나님)와 성자(예수)와 성령(하나님이나 또는 예수님의 거룩한 영)은 그 본질과 능력과 영광에 있어서 똑같으며 영원히 한 몸이라고 하는 이론이다.

드시 필요하다. 군대 없이는 외적의 침입을 막을 수 없기 때문이다.

군주에게 필요한 덕목은?

첫째, 군주라고 해서 무조건 관대해서는 안 된다. 자칫 무능한 군주가 될 수 있기 때문이다. 다만 재산이나 약탈한 것들을 군대에 나눠줄 때는 관대해야 한다. 그렇지 않으면 배신당할 수 있다. 관대함이나 인자함, 신의信義 등의 덕목들이 오히려 군주에게는 커다란 해악이 될 수 있다.

둘째, 군주는 백성들로부터 두려움과 사랑을 함께 받을 수 있어야 한다. 여성적이라거나 무기력하다거나 결단력이 없는 존재로 비쳐서는 절대로 안 된다. 어떤 사람을 죽여야 할 경우에는 반드시 분명한 이유와 적당한 변명이 있어야 한다. 백성이나 신하의 재산, 여자를 탐하지 말아야 하고, 특히 부녀자의 명예를 실추시키지 말아야 한다.

셋째, 모든 경우에 신의를 지키려 해서는 안 된다. 그러다 보면 자칫 곤란에 빠질 수 있기 때문이다. 특히 새로운 군주는 여우의 지혜와 사자의 위엄을 함께 갖추어야 한다.

넷째, 군주의 강력함을 요구하는 군대와 군주의 부드러움을 원하는 백성들 사이에서 균형을 잘 유지해야 한다.

다섯째, 군주는 백성들에게 무기를 줄 때에도 신중해야 한다. 또한, 영토를 늘리는 일과 전쟁에 있어서 용맹스러움을 보여주어야 한다. 군주는 여러 단체들을 잘 장악해야 하고, 외국과도 적절한 동맹을 맺어 국가를 지켜나가야 한다.

여섯째, 군주는 신하들을 잘 뽑아 써야 한다. 대신에 한 번 선택한 신하는 믿어주고 존중해주고 명예와 부를 주어야 한다. 그것이 군주에게 충성을 계속하게 하고, 다른 것들에 욕심을 내지 않도록 하는 방법이다. 지혜 있는 사람들을 곁에 두어 바른말을 할 수 있게 하되, 모든 백성과 신하들이 함부로 바른말을 하게 해서는 안 된다. 자칫 군주의 위엄이 떨어질 수 있기 때문이다.

마지막 장의 제목은 '이탈리아를 야만인들로부터 해방시키기 위한 권고'이다. 그 내용의 결론은 "강한 지도자가 나와 이탈리아 사람들만으로 구성된 강한 군대를 조직하여, 야만인들에게 공격적으로 대응해야 한다"는 것이다.

《군주론》의 가치와 의의

《군주론》은 악마의 책인가?

마키아벨리가 세상을 떠난 후, 오랫동안 그의 이름은 '위대한 이름'이 되지 못했다. 1559년 교황청은 마키아벨리의 책들을 금서 목록에 올렸고, 종교개혁 당시의 개혁자들은 가톨릭의 악행을 성토할 때 "마키아벨리 같은 악마의 책을 읽는 자들이라 그렇다"라고 표현했다. 계몽군주로 유명한 프로이센(오늘날의 독일)의 프리드리히 2세®는 《반反군주론》이라는 책에 "마키아벨리는 글러먹었다"라고 쓰기도 했다.

그런데 마키아벨리의 주장에 고개를 끄덕이는 사람들이 등장했다. 예컨대 '악행도 서슴지 말라'는 주장은 조국의 암담한 현실을 어떻게든 타개해보려는 애국자(마키아벨리)의 고민으로 이해되었고,

프리드리히 2세
'프리드리히 대왕'이라 불리는 프로이센의 국왕. 가정교사의 영향으로 프랑스문화에 심취하고 독일문화를 경멸하게 되었다. 별궁別宮에서 독서와 음악으로 울분을 달래면서 프랑스의 사상가 볼테르와 편지를 주고받았으며, 그의 지도를 받으며 《반反마키아벨리론》을 저술했다. 국왕으로 즉위한 후에는 준열한 현실 정치가, 엄격한 군인의 면모를 발휘하여 강력한 대외정책을 추진했고, '군주는 국가 제1의 머슴'이라는 신조 하에 국민의 행복증진을 으뜸으로 삼았다. 군주중심의 전제정치를 실시했지만 계몽전제군주의 한 전형典型을 보여주었고, 종교 방면에서도 관용을 베풀었다.

그의 새로운 사상은 프랑스혁명과 미국의 독립혁명에 커다란 영향을 끼쳤다. 이탈리아의 사회주의자 안토니오 그람시는 고독하고 영웅적인 투쟁을 하는 마키아벨리의 '군주상'에서 사회주의 정당이 가져야 할 이상형을 발견하기도 했다. 나아가 마키아벨리가 꿈꾸었던 조국 통일의 꿈은 한낱 유토피아가 아니라 19세기 말 현실로 실현되었다.

권모술수와는 거리가 먼 삶을 살다

《군주론》의 주장과 달리 마키아벨리의 실제 삶에서는 권모술수를 내둘러서 크게 남의 이목을 집중시킨 일이 없었다. 사실상 그만한 지위에 오르지도 못했다. 오히려 겁이 많은 그의 성격상, 당시 막강한 권력을 휘둘렀던 메디치가의 신임을 얻기 위해 《군주론》을 썼다는 이야기가 설득력이 있다고 하는 이유이다.

《군주론》이나 《로마사 논고》는 마키아벨리의 생전에 빛을 보지 못했다. 그는 별 볼 일 없는 하급 공무원으로 삶의 후반을 보냈다. 그럼에도 불구하고 마키아벨리는 나름대로 스스로를 위안하는 방법을 터득하고 있었다. 낮에는 소박한 차림으로 관청에 출근해서 해도 그만 안 해도 그만인 업무를 처리했다. 하지만 퇴근해서 어둠이 완전히 깔리면 가장 좋은 옷을 꺼내 입고 그리스 로마의 고전을 읽었다. 그는 정장차림으로 책을 읽은 이유에 대해 "옛 대가大家들을 겸허한 마음으로 만나뵙기 위해서"라고 대답했다. 밤의 어둠과 고요함 속에서 수천 년 전의 대가들과 나누는 무언無言의 대화야말로 모든 야망이 꺾인 마키아벨리를 지탱해주는, 유일한 즐거움이었다.

마키아벨리가 사망했을 무렵에는 그의 무덤이 어디인지조차 알려지지 않았다. 하지만 훗날 피렌체에 세워진 그의 기념비에는 이런 문구가 적혔다.

"어떤 묘비명도 이 위대한 이름에는 어울리지 않는다!"

칸트의
《순수이성비판》

'형이상학의 모든 비밀을 풀어낼 열쇠'

칸트,

서양의 근세철학사를
칸트 이전과 이후로 나누다

쾨니히스베르크®에서 수공업자의 아들로 태어난 칸트는 한 경건주의 계통의 학교에 입학했다가 '소년 노예제도'처럼 운용되는 일과에 진저리를 내고부터 기독교에 대해 반감을 갖게 되었다. 대학 시절 학생활동에는 소극적이었지만, 당구를 치는 일에는 매우 열심이었고 내기당구에서 돈을 따는 일도 많았다.

졸업 후 9년 동안 가정교사를 하면서 생계를 이어가던 중, 1755년에 철학박사 학위를 받고 교수자격을 얻었다. 하지만 다시 15년 동안 시간강사 생활을 해야 했고, 마흔여섯에야 비로소 교수가 될 수 있었다. 이때부터 그의 생활은 안정되었고, 그 후로 평생 동안 그 도시를 떠나지 않았다.

그런데 160센티미터도 되지 않는 작은 키에 기형적인 가슴을 가진 허약한 체질의 칸트가 어떻게 철학자의 상징이 될 수 있었을까?

쾨니히스베르크
당시 프로이센 공화국(오늘날의 독일)의 수도였던 북부 항구도시. 현재는 러시아의 점령 하에 있는 카리닌그라드를 가리킨다. 이곳의 반환문제는 독일과 러시아 사이에 늘 외교현안이 되고 있다.

그것은 규칙적인 생활로 건강을 유지하면서 필생의 과업을 완수했기 때문이다. 그는 매일 아침 5시에 일어나 오전 일과에 몰두했다가 오후에 산책을 하고, 밤 10시에 잠자리에 들었다. 그의 규칙적인 생활이 어찌나 엄격했던지, 이웃사람들은 그의 움직임을 보고 시각을 맞출 정도였다고 한다.

또한, 칸트는 금욕적인 식생활을 유지하였다. 아침식사는 아주 엷게 우려낸 두 잔의 차와 파이프 담배(식욕감퇴제로 사용) 한 대로 때웠고, 저녁식사는 아예 하지 않았다. 커피를 매우 좋아했지만 커피기름이 건강에 해롭다는 사실을 알고 나서는 입에 대지 않았다. 그리고 아무리 심한 병에 걸리더라도 하루에 두 알 이상의 약을 먹지 않았다. 약을 너무 많이 복용하여 일찍 죽은 사람을 보았기 때문이다.

까다로운 성격의 독신자

그의 강의는 매우 유쾌하고 충실하게 진행되었지만, 성격상 꽤 까다로운 구석이 있어서 이상한 복장을 하고 있는 학생이라도 발견하면 불안하여 안절부절못했다고 한다. 한번은 그의 이웃집에 심하게 울어대는 수탉이 있었는데, 자신의 연구에 방해가 되자 그 수탉을 사들이려고 하였다. 그러나 주인이 한사코 팔지 않았다. 할 수 없이 그는 다른 곳으로 이사를 했는데, 새로 옮겨간 집은 공교롭게도 감옥 옆이었다. 당시 관습으로 수감자들은 죄를 뉘우치는 마음으로 큰소리로 찬송가를 불렀다. 칸트는 그 도시의 시장에게 화를 내며 불평했고, 어찌나 마음이 상했는지 《판단력비판》에서까지 이 일을 언급하고 있다. 연구생활에 지장을 주는 일을 가급적 절제했던 그는 두 번이나 총장 자리에 취임했으나 임기가 끝나기 전에 물러났다.

평생 독신으로 지냈지만 여자를 찬미했고, 제자들에게는 결혼할 것을 적극 권유했다. 젊은 강사 시절에 끼니를 거르기도 했던 경험이 있어 늘 검소한 생활을 했고, 덕분에 그는 상당히 많은 유산을 남길 수 있었다.

위대한 철학자로서 칸트는 독일 국경을 넘어 여러 나라로부터 찬사를 받았다. 80세의 나이로 그가 숨을 거두자 성대한 장례식이 치러졌으며, 그의 유해는 평생 근무했던 쾨니히스베르크 대학 구내에 안치되었다. 대표적인 저서로는《순수이성비판》,《도덕형이상학 원론》,《실천이성비판》,《판단력비판》,《이성의 한계 안에서의 종교》,《영구평화론》등이 있다.

《순수이성비판》의 역사적 배경

'인간 이성의 위대함'을 밝히다

인류 역사상 가장 중요한 저서 가운데 하나로 평가받는《순수이성비판》은 어떤 시대적 배경에서 탄생했을까?《순수이성비판》은 1781년에 처음 출간되었는데, 이때는 뉴턴의 역학이 세상에 나온 지 100년 가까이 지났을 때였다. 뉴턴의 역학은 '이 세상에서 발생하는 모든 사건이나 현상은 과학적 법칙으로 설명될 수 있다'는 기계론적 세계관을 확립하는 계기가 되었다. 그것은 이제 더 이상 사변적인 형이상학이 통하지 않게 되었으며, 인간 이성을 강조하는 계몽주의가 화려하게 등장했음을 의미했다. 이 시대를 대표하는 유럽의 철학자로는 합리론자(인간의 선천적인 인식능력을 신뢰하는 입장)

인 데카르트, 스피노자, 라이프니츠와 경험론자(인간의 후천적인 경험을 신뢰하는 입장)인 로크, 버클리, 흄을 들 수 있다.

그런데 18세기 후반에 다시 분위기가 반전되면서 낭만주의가 등장한다. 낭만주의는 인간 이성에 대한 회의를 바탕으로 하며, 동시에 (이성에 의한) 역사의 진보라고 하는 계몽주의적 믿음에 대해서도 냉소를 보낸다. 이처럼 혼란한 정신사적 상황 속에서 나온 책이 바로 《순수이성비판》이다. 비록 제목에는 '비판'이라는 용어가 달려 있지만, 결론적으로 칸트는 '인간 이성이 위대함을, 그것에 의해 인류사회는 얼마든지 발전하고 진보할 수 있음'을 밝히고 있다.

독단적 형이상학을 극복하다

이 책에서 칸트는 세 가지 질문을 던지고 있다. 첫 번째 질문은 "나는 무엇을 알 수 있는가?"이고, 두 번째 질문은 "나는 무엇을 해야 하는가?"이다. 그리고 마지막 질문은 "나는 무엇을 바랄 수 있는가?"이다. 이 세 가지 질문은 결국 '인간이란 무엇인가?'라는 물음으로 집약된다. 첫 번째의 인식론적 질문에 답하기 위해 쓴 책이 《순수이성비판》이고, 두 번째의 윤리학적 질문에 답하기 위해 쓴 책이 《실천이성비판》이며, 마지막 종교적 질문에 답하고 있는 책이 《이성의 한계 안에서의 종교》이다. 앞의 두 책과 미학(예술 부문)을 다룬 세 번째 비판서 《판단력비판》을 묶어 우리는 '칸트의 3대 비판서'라고 부른다.

그 가운데서도 특히 《순수이성비판》이 중요한 까닭은 칸트 자신이 이 책을 '형이상학의 모든 비밀을 풀어낼 열쇠'라고 생각했기 때문이다. 동시에 '독단적인 형이상학을 극복하고 참다운 형이상학의 가능성을 탐구하는 책'이라고도 말했다. 올바르고 정당하게 사용되는 이성과 근거 없이 월권을 행사하는 이성을 구별할 수 있어야 하며, 그것을 구별하고 판단하는 이성의 재판소, 그것이 바로《순수이성비판》이라는 것이다. 여기에서 칸트는 "형이상학은 이제부터 신이나 영혼 등과 같은 대상을 다루는 것이 아니라 이성 자신, 이성의 규칙을 다루어야 한다"라고 주장한다. 이러한 철학을 칸트는 선험철학®이라고 불렀다.

칸트가 활동하던 시대의 철학계는 두 가지 경향이 서로 충돌하고 있었다. 신의 존재, 도덕이나 윤리의 문제, 인간의 존재를 다룬 고전철학의 입장과 경험론, 회의주의, 공리주의, 유물론 등과 같은 새로운 철학의 입장이 대립하고 있었던 것이다. 이러한 상황에서 칸트는 양자를 종합하려고 했다. 그는 신의 존재, 영혼의 불멸성, 인간의 자유 등은 순수이성®의 한계 밖에 있다고 결론을 내렸다. 그렇다고 그것들을 완전히 포기한 것은 아니었다. 비록 우리가 이론적으로 그것들을 밝혀낼 수는 없지만, 실천적 도덕행위를 통해 얼마든지 불러들일 수 있음을 제2비판서인《실천이성비판》에서 밝히고 있다.

결국 칸트는 자연과학의 성과를 이어받으면서도 옛날부터 전해져오는 여러 가치들을 버리지 않으려 했다. 따라서 그의 철학은 경험론에 연결되어 있었음에도 불구하고 신, 영혼, 불사不死, 윤리적인 세계, 예지계 등을 버리지 않았다. 그리고 바로 이와 같은 작업의 선두에 서 있었던 책이 바로《순수이성비판》이다. 그러한 면에서 이 책은 그의 주옥 같은 다른 저서들 중에서도 가장 탁월한 저서라고 할 만하다.

선험철학先驗哲學
이 용어는 칸트철학에만 해당되는 독특한 것으로, 다른 모든 철학과 칸트철학을 구별하는 말이기도 하다. 그 뜻은 '경험에 바탕을 두면서도 선천적 인식능력으로서의 이성을 버리지 않는다'이다.

순수이성純粹理性
순수하게 이론적, 지식적 차원에 머무르는 이성을 가리키며, 이론이성의 다른 이름이다.

🏛 《순수이성비판》의 주요 내용

감성은 외부 사물을 받아들이는 능력

인간 인식의 측면을 다루고 있는 《순수이성비판》은 크게 〈선험적 미학〉, 〈선험적 분석론〉, 〈선험적 변증론〉으로 나누어진다. 〈선험적 미학〉은 감성感性능력, 〈선험적 분석론〉은 오성* 능력, 〈선험적 변증론〉은 이성* 문제를 다룬다.

먼저 〈선험적 미학〉 부분은 단순히 미美에 관한 이론이 아니라, 감성에 관한 이론으로 이해해야 한다. 그렇다면 감성이란 무엇일까? 그것은 우리 밖의 대상(사물, 물건)이 우리(인간, 인식주체)에게 작용함으로써 일어나는 우리 자신 가운데의 어떤 능력이며, 이 감성만이 개별적 대상에 대한 직접적인 표상을 우리에게 제공해준다. 예를 들어, 우리가 한 송이 장미꽃을 바라볼 때, 밖에 있는 그 장미꽃이 우리의 눈을 자극하여 우리들 안에서 보는 작용(시각작용)을 일으켰다고 한다면, 그 시각작용을 일으키는 우리들 안의 능력을 감성이라고 부를 수 있다는 것이다. 그렇다면 감성이란 우리의 시각뿐 아니라 청각, 후각, 미각, 촉각 등을 모두 포함하는 능력이라 말할 수 있다.

그러나 실제로 감성이 제공해주는 것은 개별적인 감각작용에 지나지 않는다. 예를 들어 우리가 한 송이 장미꽃을 만날 때, 눈으로는 그 꽃의 모양이나 색깔만 보는 것이고, 코로는 냄새만 맡을 수 있고, 손으로는 그 촉감을 느낄 수 있을 뿐이다. 그런데 다행히도 우리에게는 이것들을 통합적으로 정리할 수 있는, 더욱이 공간적 혹은 시간적 통일이라는 특정한 방법에 따라 질서를 부여할 수 있는 능력이 주어져 있다. 예를 들어 지금 우리 눈앞(여기)에 놓여 있는 장

오성悟性
여기에서의 '오悟'는 '깨닫다'는 의미이다. 불교에서 말하는 돈오돈수頓悟頓修(단박에 깨치고, 깨치자마자 더 이상 닦을 것이 없어짐)와 비슷한 뜻으로 이해하면 된다.

이성理性
칸트가 여기에서 말하는 이성이란 상식적이고 일반적인 그런 이성이 아니다. 합리주의자들이 말하는 선천적인 인식능력이라는 뜻과도 많이 다르다. 오히려 '인간의 능력으로 알 수 없는 것까지 쓸데없이 알려고 하는 이상한 녀석'쯤의 의미로 사용하고 있다.

미꽃을 바라보면서 '이 꽃의 색깔, 냄새, 촉감들을 종합했을 때, 이 사물은 다름 아닌 바로 장미꽃이로구나!' 하는 판단이 우리 안에서 일어나는 것이다.

그리고 이러한 판단이 가능한 까닭은 그 장미꽃이 우리 앞에 나타날 때 일정한 공간과 시간의 규정을 갖기 때문이다. 그것은 '여기'라는 공간적 규정과 '지금'이라는 시간적 규정을 뜻한다. 그러므로 공간과 시간은 우리의 경험적 직관이 성립되기 위해 없어서는 안 될 형식이 된다.

후천적 경험을 위한 조건들

그런데 칸트는 이 공간과 시간을 사물의 감성적 직관형식이며, 또한 선천적인 것이라고 주장한다. 왜 그럴까? 가령 나는 장미꽃의 색깔이나 냄새 등을 무시해버릴 수 있지만, 공간 안에서의 연장延長 (사물이 차지하는 일정한 공간의 크기)이란 것을 없앨 수는 없다. 그것은 우리가 없애고 싶다고 해서 없어지는 것이 아니다. 그것은 사물 자체에 붙어 있는 것이라기보다 우리의 주관이 그렇게 파악하는 직관형식일 뿐이기 때문이다. 또한, 우리는 우리 내부의 감정이나 의지를 관찰할 수 있는데, 이것들은 모두 시간의 흐름 속에서 진행된다. 따라서 시간은 그러한 경험 자체를 위해서 전제되어야 할 하나의 조건, 즉 직관형식이 된다. 다만 공간이 우리에게 선천적으로 주어진 외적 (밖으로 드러나기 때문에) 직관형식인 반면, 시간은 (우리들 마음속에서만 계산할 수 있는 것이기 때문에) 내적 직관형식이 된다.

그리고 이것들을 선천적이라고 말하는 까닭은 우리가 그것들을 경험에 의하여 아는 것이 아니라 경험을 성립시키기 위한 하나의 조건으로 이미 우리 자신 안에 구비하고 있기 때문이다. 나아가 이러한 공간과 시간에 대해 모든 인간은 똑같은 감성구조를 가지고 있으므로 그것들은 (인식주체로서의 모든 인간에게) 보편타당성을 얻게 된다. 예를 들어 사랑하는 연인과 언제 어디서 만나자는 약속이 성립되는 까닭은 두 사람 모두 그 시간과 장소를 동일한 것으로 인지하고 있기 때문이다.

그러나 우리의 후천적 경험이 성립되기 위해서는 시간과 공간이라는 형식 외에 그 안에서 전개되는 사건이나 존재하는 사물이 있어야 한다. 바로 이것이 질료*이다. 우리의 주관적인 감성이 외부에 있는 질료(사물, 사건)를 경험할 때, 비로소 구체적인 직관이 성립하는 것이다. 여기까지가 〈선험적 미학〉 또는 〈선험적 감성론〉의 개괄적인 내용인데, 이 부분은 흔히 경험주의자들이 주장하는 후천적 경험 부분을 다루고 있다고 볼 수 있다.

오성은 우리 자신의 자발적인 인식능력

그러나 올바른 인식을 위해서는 또 하나의 능력이 필요하다. 그것이 바로 오성이고, 이 오성능력을 다루고 있는 부분이 〈선험적 분석론〉이다. 칸트에 따르면, 감성을 통해서는 대상이 우리에게 주어지고, 오성에 의해서는 대상이 생각되어진다. 시간과 공간의 직관형식에 의해 주어진 인식의 재료를 우리 감성이 수용했을지라도, 참다운 인식이 성립되기 위해서는 그 대상이 오성에 의해 사유되지 않으면 안 된다. 참다운 인식은 감성의 수용성과 오성의 자발성이 결합함으로써 이루어지며, 바로 여기에서 "내용 없는 사고는 공허하고 개념 없는 직관은 맹목적"이라는 구절이 나온다. 가령 우리가

질료質料
경험을 위한 어떤 내용. 현실 속에서 마주치는 모든 사물이나 겪게 되는 모든 사건들을 총칭한다.

분필을 인식하려면 분필이라는 대상(내용)이 우리 눈으로 보이고 손으로 만져져야 하며(직관), 그렇게 감각된 내용들이 우리 자신의 사고(오성)에 의해 정리되어야 한다(개념).

이성은 채워지지 않는 욕망

다음으로 〈선험적 변증론〉은 이성이 차지하는 위치와 의의 등에 대해 밝히고 있다. 우리의 인식은 언제나 감성과 오성의 결합으로 성립되기 때문에 감성적 직관이 주어지지 않은 대상에 대해서는 범주를 적용할 수 없다. 예컨대, 한 번도 보거나 경험하지 못한 일들에 대해 우리는 왈가왈부할 수 없다. 따라서 영혼불멸이나 신의 존재에 대해 우리의 인식은 한계에 머물 수밖에 없다. 그럼에도 불구하고 초감성 세계에까지 오성의 범주를 적용하려는 데서 선험적 가상*이 생겨난다. 여기에서 칸트는 우리의 이론이성이 이율배반*에 빠질 수밖에 없는 무제약자(우리의 경험세계 안에서 포착할 수 없는 이념들)로 영혼, 세계, 신 세 가지를 들고 있다. 그리고 결국 이에 대한 해답은 이론의 세계에서가 아니라, 실천적·도덕적 세계에서나 가능할 것으로 남아있게 된다. 이 대목에서 칸트의《순수이성비판》은 그 임무를 제2비판서인《실천이성비판》으로 넘기는 셈이고, 이러한 의미에서 칸트는 '순수이성에 대한 실천이성의 우위優位'를 말하고 있다고 할 수 있다.*

선험적 가상
先驗的 假象
주관으로 그렇게 보일 뿐, 실제로는 존재하지 않는 거짓 형상. 잘못된 착각을 가리킨다.

이율배반二律背反
본래의 뜻은 '두 가지 원리가 서로 충돌하여 맞지 않다'는 것이다.

실천이성의 우위
칸트는 실천이성의 영역에 들어와 순수이성에서 알 수 없는 것으로 치부해놓았던 영혼불멸, 자유, 신 등의 개념을 다시 불러들이고 있다. 이런 점에서 실천이성은 적어도 순수이성(이론이성)보다는 그 범위가 넓다고 할 수 있다.

🏛 《순수이성비판》의 가치와 의의

철학자들도 난해하다고 평가한 베스트셀러

《순수이성비판》이 유명한 것은 사실이지만, 사실 이 책만큼 이해하기 어려운 책도 없다고 알려져 있다. 책의 명성만큼이나 그 난해성은 유명하다. 중국의 소설가이자 문명비평가인 린위탕(임어당)*은 "칸트의 《순수이성비판》은 세 페이지 이상 읽을 가치가 없다"라고 말했다. 물론 이것은 글이 쉬워야 한다는 걸 단적으로 지적한 말이기도 하지만, 다른 한편으로 책의 내용을 이해하기 어렵다는 의미도 담겨 있다.

유명한 칸트 연구가인 캠프 스미스 역시 "《순수이성비판》의 난해성은 자세히 연구하면 할수록 감소되기는커녕 오히려 더욱 증가해 간다"라고 한탄했으며, 독일의 독자들 사이에서는 "《순수이성비판》은 도대체 언제쯤 독일어로 번역되는 걸까?"라는 우스갯소리가 유행할 정도였다.

독자들이 책의 내용을 이해하기 어렵다는 것은 반대로 저자가 그만큼 각고의 노력을 기울였다는 의미도 된다. 칸트는 어렵게 교수가 되었지만 교수가 된 지 11년 동안 어떤 글도 발표하지 않았다. 오직 연구에 연구를 거듭하다가 1781년에 내놓은 작품이 바로 《순수이성비판》이다. 20여 년 동안의 사색과 11년에 걸친 끈질긴 집필 끝에 완성한 작품인 셈이다.

세계 사상의 조류는 칸트로부터 흘러나왔다

흔히 1781년은 서양 철학사에 큰 획이 그어진 해라고 말한다. 왜

린위탕林語堂
중국의 소설가 겸 문명비평가. 하버드 대학에서 언어학을 공부했고, 다시 독일로 건너가 공부한 다음에 귀국하여 베이징 대학 영문학 교수가 되었다. 영국에서 《생활의 발견》 등으로 중국문화를 소개했으며, 소설 《폭풍 속의 나뭇잎》 등에서는 근대중국의 고민을 표현하기도 했다. 음운학音韻學을 연구하고 루쉰鲁迅(중국 현대소설의 창시자) 등의 어사社語絲(중국 문학잡지 '어사'를 발간한 회원들로 구성)에 가담하여 평론을 쓰기도 했다. 자유주의자로 불리며 세계정부를 제창했다.

그럴까? 바로 칸트의 《순수이성비판》이 출간된 해이기 때문이다. 이 책 한 권으로 칸트는 갑자기 유명인사가 되었다. 그의 철학은 거의 유행처럼 되어서 칸트의 저서는 귀부인들의 안방에까지 파고들었고, 이발사들이 그의 용어를 사용했다는 기록도 있다.

서양 철학사를 통틀어 《순수이성비판》처럼 단 한 권의 책이 그처럼 커다란 위력을 발휘한 경우는 그리 많지 않다. 어쨌거나 《순수이성비판》 이후로 쏟아진 저서들을 통해 체계화된 그의 비판철학은 거의 모든 대학에서 강의되었다. 그리고 쾨니히스베르크를 새로운 철학의 성지^{聖地}로 떠받들며 젊은이들이 몰려들기 시작했다. 그들은 마치 신탁[•]을 구하듯이, 칸트에게서 온갖 문제에 대한 답을 얻으려 했다.

"칸트 이전의 모든 사상은 칸트로 흘러 들어와 독일 관념론이라는 호수에 고여 있다가, 헤겔을 통해 흘러나가 이후 모든 사상의 원천이 되었다"는 말이 있는데, 이를 바꾸어 "세계 사상의 조류는 모두 칸트철학으로 흘러들어가고, 또 칸트로부터 흘러나왔다"라고 표현하는 학자도 있다.

칸트철학이 나온 이후로 서양의 근세철학사는 칸트 이전과 이후로 크게 나누어지게 되었다. 19세기 철학사는 거의 대부분이 칸트 사상의 수용과 전파, 또는 반론과 변형, 부흥의 역사라고 해도 과언이 아니다. 당시나 오늘날이나 철학을 통해 새로운 사상을 제시할 수 있다고 자신하는 사람이라면 칸트의 비판철학적 업적의 분석과 검토를 거치지 않을 수 없다. 사실 우리나라에 처음 생긴 철학회도 '칸트철학회'였고, 우리 사회에 맨 처음 서양철학이 소개된 것 역시 칸트철학을 통해서였다.

신탁^{神託}
신이 사람을 매개로 그의 뜻을 나타내거나 인간의 물음에 응답하는 일. 국가의 중대사를 결정하거나 전쟁에 나설 때 신전의 제사장이나 영매자를 통해 신의 응답을 받곤 했다.

수능기출문제

17. 다음을 주장한 사상가의 입장으로 옳은 것은?

> 자연적 필연성은 이성이 없는 존재의 특성이지만 자유는 이성적 존재의 특성이다. 왜 이성적 존재가 자유를 가졌다고 보아야 하는가? 그것은 이성적 존재가 실천 이성으로 타인의 영향과 관계없이 보편적 도덕 법칙에 맞는 자신의 격률을 만들기 때문이다.

① 인간은 자유를 통해 도덕적 정서에 기초한 정언 명령을 준수한다.
② 의무 의식은 도덕 법칙에 대한 존경심의 결여에서 비롯된다.
③ 인간은 이성적 명령에 따라 자율적으로 도덕을 실천한다.
④ 실천 이성은 도덕적 행동의 자유로운 실천으로 형성된다.
⑤ 도덕 명령은 사회적 승인 여부를 기준으로 결정된다.

③ 답

11. 그림의 (가), (나)에 들어갈 옳은 질문만을 〈보기〉에서 있는 대로 고른 것은? [3점]

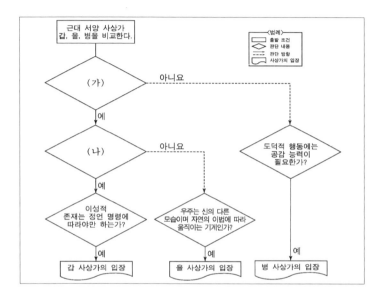

〈보기〉

ㄱ. (가) : 감정은 행위의 도덕적 가치와 무관한가?
ㄴ. (가) : 이성은 도덕의 근원이자 행위의 동기인가?
ㄷ. (나) : 이성적 관조를 통하여 최고선이 획득되는가?
ㄹ. (나) : 원인과 결과의 필연성에서 벗어난 선택이 가능한가?

① ㄱ, ㄴ   ② ㄱ, ㄷ   ③ ㄷ, ㄹ
④ ㄱ, ㄴ, ㄹ   ⑤ ㄴ, ㄷ, ㄹ

④ 답

16. 그림은 근대 서양 윤리 사상가들의 가상 대화이다. (가)에 들어갈 내용으로 옳은 것은? [3점]

① 행위의 목적에 의해 행위의 도덕적 가치가 결정된다.
② 공감이라는 자연적 경향성에 따라야 도덕적 행위가 된다.
③ 다수가 동의하는 규범 원리에 따라야 도덕적 행위가 된다.
④ 법칙의 사회적 승인 여부가 도덕 판단의 결정 요인이 된다.
⑤ 도덕 원리에 대한 존중심에서 나온 행위만이 도덕적 행위가 된다.

6. 갑, 을의 입장에서 다음 〈문제 상황〉을 극복하기 위해 제시할 수 있는 적절한 조언을 〈보기〉에서 고른 것은?

선의지의 지배를 받으며 보편화 가능한 행위가 도덕적인 행위이다.

쾌락을 측정한 결과 그 총량이 최대가 되는 행위가 도덕적인 행위이다.

갑

을

〈문제 상황〉

A는 자신과 같은 혈액형의 혈액이 긴급히 필요하다는 뉴스를 들었다. 학기말 시험을 앞둔 A는 시험도 중요하지만, 한편으로는 위급한 환자를 돕고 싶은 생각도 있었다. A는 어떻게 해야 할까?

〈보기〉

ㄱ. 환자를 돕는 관습 그 자체를 기준으로 삼아 결정하렴.
ㄴ. 환자를 도와야 한다는 도덕 법칙을 존중하여 결정하렴.
ㄷ. 환자를 도와서 얻을 쾌락을 질적으로 고려하여 결정하렴.
ㄹ. 환자를 도와서 생길 사회 전체의 행복을 고려하여 결정하렴.

	갑	을		갑	을
①	ㄱ	ㄴ	②	ㄴ	ㄷ
③	ㄴ	ㄹ	④	ㄷ	ㄱ
⑤	ㄷ	ㄹ			

7. (가)사상가의 입장에서 (나)상인에게 할 조언으로 가장 적절한 것은?
[3점]

(가)	(나)
자신의 행복에 관심을 기울이는 것이 우리의 의무라고 생각할 수 있지만, 행복을 추구하다 보면 의무를 위반하려는 유혹에 빠질 수 있다. 따라서 행복만을 추구하는 일은 직접적으로 의무일 수 없으며 의무의 원리일 수는 더욱 없다.	

① 거스름돈으로 사회적 약자를 돕는 데 사용하면 됩니다.
② 자신을 위해 설정한 목적을 자율적으로 실행하면 됩니다.
③ 도덕적으로 옳더라도 자신의 상황을 무시하면 안 됩니다.
④ 거스름돈을 돌려주는 것에 조건이 필요한 것은 아닙니다.
⑤ 거스름돈을 안 주었다는 타인의 비난을 고려해야 합니다.

④ 답

헤겔의
《역사철학강의》

역사는 자유의식의 발전과정이다

헤겔,
칸트철학을 계승하여 마무리 짓다

　　헤겔은 1770년 독일 슈투트가르트에서 수세국 재무관의 장남으로 태어났다. 고향에서 김나지움(고등학교)을 졸업한 그는 신학교에 장학생으로 입학했다. 그러나 대학에서는 별다른 능력을 발휘하지 못했다. 성적도 철학을 제외하고는 평균점 이하였고, 신학교수의 딸과 연애하느라 공부를 등한히 하기도 했다. 그러던 헤겔에게 1789년에 일어난 프랑스혁명은 크나큰 충격을 안겨주었다. 평소 별명이 '노인'이었던 헤겔이지만, 혁명에 대한 열정만은 여느 젊은이보다 뜨거웠다. 그는 매년 프랑스혁명 기념일마다 자축하며 포도주를 마셨다.

　　헤겔은 예나 대학에 시간강사로 초빙되어 갔다. 그러나 봉급이 워낙에 적어 바이마르의 문교장관인 괴테(세계적인 문호, 극작가)에게 보조금을 요청해야 했다. 서른일곱 살에는 하숙집 부인과의 불륜

관계로 루트비히라는 사생아를 낳았다. 그의 불륜관계는 곧 세상에 알려졌고, 교수 신분으로 용납될 수 없는 일이었기 때문에 더 이상 대학에 머물 수 없었다.

독일철학의 태두로 군림하다

직장을 잃고 아버지의 유산마저 바닥이 난 헤겔은 극심한 가난에 시달려야 했다. 원고료 문제로 출판사와 심한 말다툼을 벌일 정도였다. 얼마 후에는 작은 신문사의 편집자가 되었다가 곧 그만두고 친구의 소개로 고등학교 교장이 된다. 이 무렵에 명문 집안의 딸과 결혼하여 자녀들을 낳았는데, 첫 딸은 태어난 지 수주 만에 죽고 만다. 다행히 두 아들은 아무 탈 없이 성장하여 장남은 역사학자가 되고, 차남은 개신교의 종교국장이 된다. 결혼 전에 낳았던 사생아 루트비히는 고아원에서 지내다가 헤겔의 집으로 옮겨와 함께 살았는데, 이복동생들과 자주 싸우다가 얼마 후 집을 나가버렸다. 그는 나중에 네덜란드의 외인부대에 입대했는데, 결국 인도네시아에서 전사하였다. 그래도 헤겔은 결혼생활에 대해 매우 만족스러워했다. 그는 한 편지에서 이렇게 적고 있다.

"직장과 사랑하는 아내를 얻었다는 것만으로 이 세상에서 내가 할 일은 다 했다고 보네. 그 밖의 모든 것은 본질적인 것이 아닐세."

마침내 헤겔은 마흔여섯 살에 하이델베르크 대학의 철학과 정교수가 된다. 그리고 작고한 피히테의 후임으로 베를린 대학의 교수로 취임해간다. 헤겔은 그 철학의 심오함으로 대학에서 대단한 영향력을 발휘하였다. '프러시아의 국가철학자'로 공인되다시피 하여 그는 독일철학의 태두泰斗(어떤 분야에서 가장 권위 있는 사람을 비유적으로 이르는 말)로 군림하였다. 그 후 1829년에는 베를린 대학의 총장에 취임하여 약 1년간 재임하기도 했다. 1831년, 헤겔은 베를린 전역에 맹위를 떨쳤던 급성 콜레라로 세상을 떠났다. 숨을 거둘 무렵 그는 "나의 학생 중에서 나를 이해한 사람은 단 한 사람이다"라고 말했다. 그리고 잠시 사이를 두고 "아니! 그 한 사람도 나를 완전히 이해하지는 못했어"라고 덧붙였다. 헤겔은 그의 희망대로 베를린에 있는 피히테의 묘 옆에 묻혔다.

《역사철학강의》의 역사적 배경

나폴레옹을 목격하다

헤겔철학에서 그의 역사철학 부분이 중요하게 취급되는 까닭은 무엇일까? 우선 헤겔은 칸트가 경험하지 못한 유럽의 역동적인 역사를 직접 목격했다. 프랑스혁명과 그 이후에 진행된 반동정치, 나폴레옹의 등장 등 전대미문의 역사현장을 몸소 체험했던 것이다. 헤겔은 예나의 하숙집 2층에서 프랑스 혁명군이 진입하는 것을 지켜보았는데, 이 놀라운 광경에 대해 그는 이렇게 적었다.

"나는 정찰을 하기 위해 말을 타고 시내를 가로지르고 있는 세계정신(나폴레옹을 지칭함)을 보았다."

따라서 '인류의 역사란 과연 어떻게 기록되는가? 역사에는 필연적 법칙이 있는 것인가?'에 대한 성찰의 시간을 많이 가졌을 것으로 짐작된다. 또한, 헤겔은 놀라울 정도로 역사적 지식이 해박했으며, 그 본질을 꿰뚫어보는 통찰력을 가지고 있었다. 인류의 전체 역사를 하나의 원리로 꿰뚫어보는 재능이 있었던 것이다.

이와 관련하여 헤겔은 나폴레옹이 자유와 민족주의를 전파하는 것으로 보고 높이 평가했다. 그러나 그 '세계정신'에 의해 헤겔은 집을 약탈당했고, 전쟁의 혼란으로 인해 봉급마저 중단되었다. 이 시기에 헤겔의 저서 가운데 가장 뛰어나다고 평가받는 《정신현상학》의 마지막 부분이 탈고되었는데, 출판사의 빗발치는 독촉과 전쟁의 포성을 들으면서 원고를 마감했기 때문에 마지막 몇 페이지가 충분치 못하게 씌어졌다는 말이 전해진다.

세계정신이란 무엇인가?

근세 서양철학에서는 자연과 자아, 객관(객체)과 주관(주체), 외부의 사물과 인식주체 사이의 간극을 어떻게 극복할 것인지를 놓고 오랫동안 고민해왔다. 그런데 그 위대한 칸트마저도 인식대상의 여러 형식들을 오직 '나'의 자발성에만 맡겨버렸기 때문에, 외부의 대상은 정신의 범주에 의해서만 구성되어야 했다.

그러나 헤겔은 외부의 대상들(자연, 사물)을 포기할 수 없다고 생각했다. 우리의 정신을 규정하는 것 속에는 자연, 즉 객관적인 것이 포함되어 있다고 보았기 때문이다. 바로 여기서부터 객관적 관념론을 향한 길이 트이게 된다. 그렇다고 이것이 인간의 자발성을 짓밟는다거나 아예 없애버린다거나 하는 그런 것은 아니었다.

헤겔에 따르면, 주관과 객관은 따로 떨어져 있는 것이 아니다. 이러한 관점에서 그는 인간의 사고가 세계정신* 그 자체라고 주장한다. 세계정신은 사물들을 생각함으로써 사물들을 만들어낸다. 그리하여 사고와 존재와 진리는 이 세계정신 안에서 일치하는 것이다.

세계정신
인간정신과 비유되는 말로, '절대자 신'과 거의 같은 뜻으로 쓰인다. 헤겔 역사철학의 기본 개념으로, 세계사 속에 자기를 전개하여 실현하는 정신을 가리킨다.

그렇다면 헤겔이 말하는 세계정신(절대정신)이란 과연 무엇일까? 보통 정신이라고 하면 인간만이 가지고 있는 특징으로 간주된다. 하지만 헤겔이 말하는 세계정신이란 사람들 개개인의 정신을 가리키는 것이 아니다. 인류의 역사를 이끌어가는 보편적이고도 절대적인 원리라고나 할까. 그러므로 한 사람이나 한 민족의 정신과 달리, 인류의 목표를 설정하고 자기 자신의 길을 묵묵히 걸어가는 정신이라고 말할 수 있다. 그런 점에서 각 개인들이 세계정신에 이렇게 하라 저렇게 하라 명령을 내릴 수는 없다. 오히려 명령을 내리는 쪽은 정신이다. 개개인의 인간은 그 정신의 대리자이거나 심부름꾼일 뿐이다. 결국 역사에 등장하는 영웅들은 이러한 절대정신의 명령을 충실히 실천하는 사람들이고, 심하게 표현하면 들러리나 꼭두각시에 불과하다.

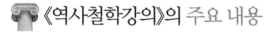 《역사철학강의》의 주요 내용

역사철학이란 무엇인가?

《역사철학강의》는 헤겔이 죽은 지 6년 뒤인 1840년에 편집자 간스에 의해 출판되었으며, 헤겔의 아들에 의해 개정, 보완되었다. 헤겔에 의하면 역사에는 두 가지가 있다. 하나는 과거에 실제로 일어났던 사건들 그 자체이고, 다른 하나는 그 사건들의 의미를 인식하고 기록으로 남기는 것이다. 쉽게 말하면, 객관적 역사와 주관적 역사가 따로 있는 것이다.

여기서 우리가 한 가지 짚고 넘어가야 할 것은 '과연 철학은 왜 필요한가?'이다. 철학은 다양하고 잡다하여 혼란스러워 보이기까지 하는 사물과 이 세계를 제대로 알아보기 위해서 수행하는 일종의 지적知的 작업이라 할 수 있다. 그것은 곧 진리에 대한 사랑이고, 본질에 대한 합리적 성찰이다. 결국 복잡하게 얽혀 있는 세계의 근본원리와 질서를 깨닫는 일이 바로 철학이라 말할 수 있다. 여기서 다시 역사와 철학이란 개념을 결합시켜 보면 역사철학이란 '역사의 생성, 발전, 의미를 어떻게 인식하고 기록할 것인가? 과연 그에 대한 합리적 성찰은 어떤 것인가?'에 대한 연구가 될 것이다.

역사주의와 비역사주의

보통 역사를 바라보는 관점에 따라 역사주의와 비非역사주의를 구분한다. 역사주의란 '역사를 이끌어가는 어떤 힘이 있다'고 보는 입장이고, 비역사주의란 '역사란 그저 우연에 의해 굴러갈 뿐'이라고 믿는 입장이다. 역사주의의 대표자는 헤겔과 마르크스이다. 다시 말하면, 헤겔은 우리가 보는 역사적 사실들 뒤에 '보이지 않는 어떤 원리'가 있다고 생각했다. 그리고 그 원리를 밝혀내고자 했던 책이 바로 이《역사철학강의》이다.

헤겔은 세계의 역사가 아무 의미 없이 흘러가는 것이 아니라 논리적이고 합리적으로 진행된다고 보았다. 철학적 이유를 가지고 나아간다는 것이다. 이와 관련하여 헤겔은 〈서론〉에서 '세계의 역사를 지배하는 것은 다름 아닌 정신, 이성'이라고 밝히고 있다.

세계정신의 목적은 자유의식의 진보

헤겔에 따르면, 역사는 객관적 정신의 자기전개 과정이다. 세계역사는 세계정신의 자기전개 과정이며, 한 민족의 역사는 민족정신의 자기전개 과정인 것이다. 다음으로, 세계정신의 목적은 무엇일까? 그것은 자유의식의 진보이다. 세계정신이 변증법*적으로 자기 자신을 움직여 가는 최종목적은 자유의식을 진보시키는 데 있다.

헤겔에 따르면, 동양에서는 오직 한사람만이 자기가 자유롭다는 사실을 알고 있었고, 희랍-로마 세계에서는 오직 몇몇 사람만 자유로웠다. 모두가 다 자유롭다는 것을 의식한 것은 게르만 세계(헤겔 당시의 독일을 말함)에 이르러서였다. 여기서 첫 번째 단계인 동양은 정신의 유년기에 해당한다. 중국, 인도, 페르시아 등 여러 나라의 예를 보건대, 한 사람의 자유롭고 편한 생활을 위해 수많은 사람이 노예생활을 해야 하는 시기인 것이다. 아직 정신이 자유를 누리지 못하는 단계로서, 사람으로 치자면 어린아이라고 할 수 있다. 이러한 나라에서는 왕 한 사람만이 자유를 누린다.

두 번째 단계인 희랍의 문화권은 정신의 청년기로서, 몇몇 사람들이 자유를 누리면서 역사는 조금 더 발전한다. 비로소 주체적인 자유가 생겨나는 단계이다. 뒤따라오는 로마의 문화권은 역사의 성년기에 해당하는데, 이곳에서는 오직 엄격하고 보편적인 의무만 있어서 개인들은 국가 전체의 희생물로 전락하고 만다.

그리고 세 번째 단계인 기독교 시기(게르만 민족의 시대)에 이르러 정신은 비로소 자기 자신에게로 돌아가 절대적 의지와 주관적 의지가 일치되는 삶을 시작한다. 세계정신이 노년기에 접어드는 이때에야 비로소 모든 대립의 화해가 이루어진다. 정신의 본성이 회복되는 완성된 역사를 갖는 것이다. 여기서 노년기란 쇠퇴하여 무력해지는 시기가 아니라, 정신이 완전한 성숙단계에 이르러 자기 자신

변증법
헤겔은 인식이나 사물은 정正-반反-합승의 3단계를 거친다고 보았다. 정正의 단계란 그 자신 속에 암암리에 모순을 포함하고 있어도 그 모순을 알아채지 못하는 단계이며, 반反의 단계란 그 모순이 자각되어 밖으로 드러나는 단계이다. 그리고 이 모순에 부딪침으로써 합승의 단계로 전개해 나간다. 합의 단계는 정과 반이 종합 통일된 단계이며, 여기서는 정과 반에서 볼 수 있었던 두 개의 규정이 함께 부정되고, 또한 함께 살아나서 통일된다.

을 완성하는 때를 가리킨다.

개인은 세계정신의 꼭두각시에 불과하다

그렇다면 세계정신은 자유의식의 진보라고 하는 자기목적을 달성하기 위해 어떻게 할까? 세계정신은 각 개인들을 도구로 사용한다. 각 개인들은 자신의 개인적 목적을 위해서 행동하고 권력을 확장해 간다고 착각하지만, 사실은 세계정신에 의해 이용되는 꼭두각시에 불과하다. 교활한 절대이성의 장난(이성의 간계)에 의하여, 개인은 자신의 모든 열정을 바쳐 세계정신이 추구하는 역사의 필연과정에 들러리를 서줄 뿐이다. 역사적 위인들이 영웅화되는 것은 넘치는 정력이나 열정 또는 정확한 선견지명先見之明이나 탁월한 지능 같은 특성 때문이 아니다. 세계정신은 때로 자기목적을 위해 보잘것 없고 연약한 인간을 무대에 등장시키기도 하기 때문이다. 이런 저급한 인간에게도 시대정신이라는 역사적 필연성이 체현됨으로써 그들은 민족사적 또는 세계사적 인물이 된다(나폴레옹의 예).

모든 개인이나 민족이 역사 무대에 등장하여 맡은 바 소명을 완수하고 나면 무대 저편으로 사라지고, 세계정신은 새로운 전진을 시작한다. 그렇다고 하여 역사가 자연현상처럼 단순히 때가 되면 싹이 나고 꽃을 피우고 열매를 맺는 것과 같은 반복적인 행위를 하는 것은 아니다. 그것은 뚜렷한 의지를 가진 역사적 인물들에 의해 계속해서 성장하고 발전해가는 것이다. 그리고 모든 개인이나 민족은 세계사적 이성에 합치되는 방향으로 움직일 뿐이므로, 적어도 어떤 시점에서의 역사적 사건은 바로 그 순간을 지배하는 필연 자체이자 전체의 세계사적 이성에 합치하는 것으로 보아야 한다. 바로 이런 의미에서 헤겔은 "이성적인 것은 현실적이요, 현실적인 것은 이성적이다"라고 말했던 것이다.

역사 발전의 기준

그렇다면 최종적으로 우리는 어떤 기준을 가지고 역사가 발전했다고 판단할 수 있을까? 그것은 발전된 국가의 형태, 국가의 제도, 법률 등으로 나타난다. 국민이 얼마만큼 자유를 누리고, 사회는 얼마나 좋은 제도를 가지고 있으며, 국민들이 얼마나 성숙한 도덕적 생활을 하느냐가 곧 역사 발전의 기준이 된다. 예컨대, 나라가 국민을 잘 보호하고 국민이 나라와 공동체의 이익을 위해 개인의 이익을 양보하는 경우라면 그만큼 절대정신이 발전한 나라라고 할 수 있는 것이다.

《역사철학강의》의 가치와 의의

현대철학의 원천

헤겔은 당시의 프러시아(독일)야말로 세계사적 이성을 실현한 최고의 성과이며, 자신의 철학이야말로 모든 철학의 정화精華(정수)라고 자부했다. 무한한 발전의 논리인 변증법의 속성상 당연한 귀결이긴 하지만, 헤겔은 자신의 조국과 철학이 역사상 가장 위대하다고 확신했다.

"진리는 전체이다. 절대자는 본질적으로 결과이며, 맨 끝에 가서야 비로소 본래의 그것이 된다. 그러므로 미네르바의 올빼미*는 황

미네르바의 올빼미
미네르바는 로마 신화에 나오는 지혜의 여신으로, 그리스 신화의 아테나에 해당한다. 미네르바는 올빼미를 매우 아껴 자신의 상징으로 삼을 정도였다. 그래서 미네르바의 올빼미는 지혜, 나아가 철학을 일컫는다.

혼이 질 무렵에야 날기 시작한다."

그러나 중국적인 자유를 실현시켜야 할 세계사의 목표는 당시의 프러시아에서 성취되지 못했으며, 철학의 발전 역시 그 이후 지금까지 계속되고 있다.

헤겔학파는 슈트라우스®의 《예수의 생애》 출판을 계기로 좌파와 우파로 나누어진다. 좌파에는 실증주의자와 유물론자들이, 우파에는 역사학파와 낭만파가 속해 있었다. 좌파가 진보적이고 급진적인 성향을 보였다면, 우파는 정치와 종교에서의 기존 질서에 정당성을 부여함으로써 보수적 성향을 나타냈다. 이로써 한편에서는 프러시아의 어용철학자들이, 다른 한편에서는 변증법적 유물론의 창시자인 마르크스와 엥겔스, 러시아의 무정부주의자들이 등장하게 되었다.

헤겔의 업적은 역사과학 분야에서 두드러지거니와, 그의 철학에 대한 비판으로부터 현대의 세 가지 중요한 철학이 나온다. 그것은 마르크스주의, 실존주의, 실용주의이다. 다만 마르크스주의는 헤겔의 관념론적 성격을 유물론적으로 바꾸어놓았고, 실존주의는 보편적 이념을 중시한 헤겔에 대하여 개별적 존재로서의 인간을 중시한다. 그리고 실용주의는 사물의 궁극적인 본질을 문제 삼는 헤겔의 관념론에 반대하고, 사물의 유용성이나 가치, 성과를 진리평가의 기준으로 삼았다.

빗나간 쇼펜하우어의 예언

쇼펜하우어는 헤겔에 대해 이렇게 비웃었다.

"천박하고 우둔하고 역겹고 매스껍고 무식한 사기꾼 헤겔은 뻔뻔스럽고도 어리석은 소리들을 잔뜩 늘어놓았는데, 이것을 그의 상

슈트라우스
독일의 신학자. 헤겔 좌파이다. 그의 저서 《예수의 생애》 가운데서 '복음서란 일종의 신화'라고 주장하여 부정적인 비평을 했는데, 이는 당시로서 매우 혁명적인 사건이었다. 이를 계기로 찬반토론이 이루어졌고, 이후 헤겔 좌파와 우파 등으로 나누어졌으며, 바우어와 포이어바흐 등의 좌파에 의해 일련의 종교비판이 나타났다.

업적인 추종자들은 불멸의 진리인 양 나팔을 불어댔으며, 바보들은 그것을 진실인 줄 알고 환호하며 받아들였다. 모순투성이의 서생이 30년이란 긴 세월 동안 독일에서 가장 위대한 철학자로 간주되어 왔지만, 후세에는 헤겔에 대한 진실이 폭로되고 말 것이다."

그러나 쇼펜하우어의 예언은 보기 좋게 빗나갔다. 헤겔에 관한 수많은 책들이 쏟아져나왔고, 전 세계 곳곳에 헤겔학회가 조직되었으며, 온갖 종류의 헤겔학도들이 생겨났기 때문이다.

한편, 헤겔에 대한 쇼펜하우어의 증오는 개인적인 원한에서 비롯된 것으로 보인다. 쇼펜하우어를 강사로 채용하는 시험의 심사위원장이었던 헤겔이 그를 떨어뜨렸다고 오해한 데 그 원인이 있다고 전해진다.

수능기출문제

15. (가) 사상가의 입장에서 퍼즐 (나)의 세로 낱말 (B)에 대한 설명으로 옳지 않은 것은?

(가)	세계의 본질은 정신이며, 역사는 절대 정신이 변증법적 원리에 따라 단계적으로 자기를 실현해 가는 과정이다.
(나)	[가로 열쇠] (A) 작은 나라와 적은 백성을 의미하는 노자의 이상 사회. (C) 춘추 전국 시대의 사상가와 학파를 총칭하는 말. [세로 열쇠] (B) ·········· 개념

① 구성원의 참된 행복이 가능한 보편적 공동체이다.
② 개인의 완전한 자유 실현을 위해 필수적인 것이다.
③ 개인들 간의 자율적 의사 결정의 산물로 나타난 것이다.
④ 가족의 원리와 시민 사회의 원리를 결합시킨 최고 인륜이다.
⑤ 개인의 권리를 보장하여 참된 존재 의미를 갖게 하는 것이다.

답 ③

19. 그림은 수행 평가 문제와 학생 답안이다. 학생 답안의 ⊙~⑩ 중 옳지 않은 것은? [3점]

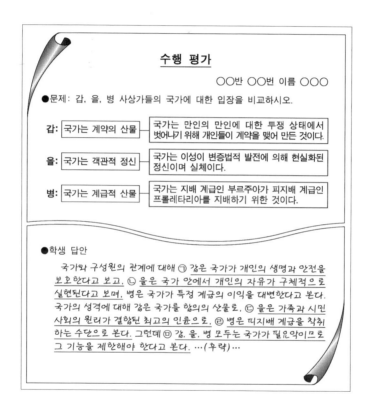

수행 평가

○○반 ○○번 이름 ○○○

●문제: 갑, 을, 병 사상가들의 국가에 대한 입장을 비교하시오.

갑: 국가는 계약의 산물 ── 국가는 만인의 만인에 대한 투쟁 상태에서 벗어나기 위해 개인들이 계약을 맺어 만든 것이다.

을: 국가는 객관적 정신 ── 국가는 이성이 변증법적 발전에 의해 현실화된 정신이며 실체이다.

병: 국가는 계급적 산물 ── 국가는 지배 계급인 부르주아가 피지배 계급인 프롤레타리아를 지배하기 위한 것이다.

●학생 답안

　국가와 구성원의 관계에 대해 ⊙ 갑은 국가가 개인의 생명과 안전을 보호한다고 보고, ⓒ 을은 국가 안에서 개인의 자유가 구체적으로 실현된다고 보며, 병은 국가가 특정 계급의 이익을 대변한다고 본다. 국가의 성격에 대해 갑은 국가를 합의의 산물로, ⓒ 을은 가족과 시민 사회의 원리가 결합된 최고의 인륜으로, ⓔ 병은 피지배 계급을 착취하는 수단으로 본다. 그런데 ⑩ 갑, 을, 병 모두는 국가가 필요악이므로 그 기능을 제한해야 한다고 본다. …(후략)…

① ⊙　　② ⓒ　　③ ⓒ　　④ ⓔ　　⑤ ⑩

5. 갑, 을 사상가들이 강조한 국가에 대한 설명의 공통점으로 가장 적절한 것은?

> 갑 : 정의로운 사람과 정의로운 국가는 긴밀한 연관 구조를 갖는다. 왜
> 나하면 개인의 영혼과 국가는 유사한 점이 있다고 밝혀졌기 때문
> 이다.
>
> 을 : 모든 인간이 국가 안에 존재한다는 것은 필연적이다. 왜냐하면 국
> 가는 절대적인 이성의 의지이며 윤리적 이념의 현실적 모습이기
> 때문이다.

① 국가는 이성적 개인들의 계약에 의한 실체이다.
② 국가의 참모습[形相]은 현실 세계에서 구현된다.
③ 국가는 가족과 시민 사회의 종합에 의해 발전된다.
④ 국가는 개인의 온전한 삶을 위해 반드시 필요한 것이다.
⑤ 국가는 세 계급이 자신의 고유한 덕을 실천할 때 완성된다.

답 ④

애덤 스미스의
《국부론》

'보이지 않는 손'으로
자유주의 경제학의 기틀을 세우다

Adam Smith

애덤 스미스,

근대 경제학의 아버지

　고전경제학의 창시자인 애덤 스미스는 1723년 스코틀랜드 커콜디에서 태어났다. 동해안의 작은 마을이었던 그곳은 당시 소금, 못, 석탄 등의 제조업과 광업이 발달한 발트 해 무역의 중심지였다. 세관 검사원이었던 아버지는 스미스가 태어나기 두 달 전에 사망했지만, 정상적인 교육을 받는 데 부족하지 않을 만큼의 유산을 물려주었다. 스미스는 평생의 벗이었던 어머니의 슬하에서 순탄하게 성장해 커콜디 시립학교에 들어갔다. 고전과 수학에서 뛰어난 재능을 보인 모범생 스미스는 열네 살 되던 해에 명문으로 손꼽히던 글래스고 대학에 입학했다. 그리고 3년 후에는 장학생으로 선발되어 옥스퍼드 발리올 칼리지로 유학을 떠났다.

옥스퍼드 대학과의 전쟁

그런데 스미스는 6년 만에 학교를 그만두고 고향으로 돌아오고 만다. 훗날 그는 《국부론》에서 "옥스퍼드 대학교수들은 몇 해째 가르치는 시늉조차 아예 그만두었다"라고 비난했고, 대학에도 시장법칙을 도입하여 '청강생 수에 따라 교수의 봉급을 결정하자!'는 과격한 제안을 내놓았다. 당시 대학에 문제가 있었던 것은 사실이지만, 그가 학교를 그만둔 가장 큰 이유는 기숙사에서 당시에 금서였던 데이비드 흄의 《인성론》을 탐독하다 적발되어 책을 압수당하고 야단맞은 일이었던 것으로 추측된다. 그 일에 대한 반격으로 대학 측은 스미스가 학자로서 큰 성공을 거둔 후에도 박사학위를 주지 않았다. '성서 이래 가장 중요한 문헌'으로 일컬어지는 《국부론》에서 옥스퍼드를 비난한 것에 대한 '괘씸죄'였던 셈이다.

별난 행동으로 유명세를 치르다

고향집에서 독서로 소일하고 지내던 스미스에게 드디어 기회가 찾아왔다. 모교인 글래스고 대학의 도덕철학교수 자리를 얻게 된 것이다. 1759년 《도덕감정론》을 출간함으로써 지식인 사회에 그 이름을 알린 스미스는 《국부론》을 저술한 이후 철학자, 사상가, 경제학자로서 최고의 영예를 누렸다.

스미스는 자신이 소장한 장서를 자랑하며 "나는 이 책들의 애인일 따름이다"라고 말한 적이 있다. 그는 한때 아름다운 여성과 사랑도 해보고 파리 귀부인들의 사랑을 받은 적도 있지만, 끝내 결혼은 하지 않았다.

한편, 그의 외모는 학자적인 분위기와 거리가 멀었다. 두툼한 아랫

입술과 큼지막한 매부리코, 부리부리하게 튀어나온 눈, 약간 구부정하고 우물쭈물한 걸음걸이도 그랬지만 행동도 별난 구석이 많았다. 로버트 헤일 브로너라는 학자는 아담 스미스를 이렇게 묘사했다.

"그는 정신 나간 사람으로 유명했다. 60세에 가까웠던 스미스가…… 허공을 쳐다보며 무슨 말을 하는 양 입술을 움직이며 걸어간다. ……그의 걸음걸이를 두고 어떤 친구는 지렁이가 움직이는 것 같다고 말했다. ……어떤 때는 잠옷만 입고 정원을 거닐다가 그만 명상에 빠져 몇 마일이나 더 걸어가기도 했다. 경비원이 경례를 하자, 스미스는 자기의 지팡이를 들어 답례를 하고서는 그 경비원을 뒤따라 다니면서 그의 하는 짓을 일일이 흉내 내어 동행한 친구를 놀라게 했다."

그렇다고 해서 스미스가 괴짜였던 것은 아니다. 그는 매우 진지하고 성실하며 온화하고 낙관적인 성격의 학자로서 나무랄 데 없는 인품을 지니고 있었다. 한번은 학기 중간에 강의를 마치게 된 스미스가 청강생들에게 수강료를 되돌려준 적이 있다. 학생들은 '그 이상의 가치가 있는 가르침을 받았다'면서 되돌려받는 것을 거절했지만, 스미스는 "내가 옳다고 생각하는 대로 하지 않으면 내 마음이 불편하니까, 나를 괴롭게 하지 말기 바랍니다"라며 자신의 뜻을 굽히지 않았다.

🏛 《국부론》의 역사적 배경

자유롭고 진취적인 도시와 대학에 몸담다

스미스가 연구에 몰두할 당시 18세기 중반의 글래스고는 철강, 피혁, 도기, 견직물 등의 제조업이 크게 번성한 데다 영국연방의 식민지였던 아메리카와 유럽 각국을 연결하는 중개무역의 중심지이기도 했다. 이 때문에 인구가 급증하기 시작했는데, 그럼에도 불구하고 거지가 없는 도시, 아이들까지 바쁜 도시로 유명했다. 스미스는 그 도시를 통해 자유시장의 위력을 관찰할 수 있었고, 그 영향으로 진취적 자세를 유지할 수 있었다.

글래스고 대학의 자유롭고 진취적인 기풍을 전해주는 하나의 일화가 있다. 글래스고 출신이면서 런던에 가서 수학기구 제작기술을 익힌 제임스 와트(증기기관의 발명자)는 1758년 고향에 돌아와 개업을 하려 했다. 그런데 그곳의 동업조합, 즉 길드Guild가 허가를 내주지 않았다. 그들은 '글래스고에서 7년 이상 도제생활을 한 자가 아니면 개업할 수 없다'는 길드의 규칙을 근거로 내세웠다. 이때 상심한 와트를 도와준 곳이 바로 글래스고 대학이었다. 그에게 학교의 천문기구 수리를 맡기면서 작업실을 내주었던 것이다.

당시 대학은 자치권을 가지고 있어서 길드는 이것까지 막을 도리가 없었다. 이때 같은 대학의 도덕철학 교수였던 스미스는 종종 와트의 작업실에 들러 대화를 나누었다. 결국 와트는 글래스고 대학이 의뢰한 구식 엔진을 수리하다가 하나의 아이디어에 착안했고, 이를 발전시킨 결과가 바로 1769년에 따낸 새로운 증기기관의 특허였다. 그렇게 세상에 나온 증기기관은 산업혁명에 있어서 심장과 같은 역할을 담당하게 된다.

3대 혁명을 경험하다

애덤 스미스는 그의 생애 동안 세 차례의 혁명을 경험했다. 《국부론》이 출판된 1776년에 미국이 독립선언을 발표했는데, 이는 영국의 중상주의적 식민지체제의 붕괴를 의미한다. 두 번째는 1789년에 일어난 프랑스혁명이었다. 그것은 봉건제도에서 벗어나는 것이 세계사적 발전의 필연과정임을 보여주었다. 그리고 영국은 《국부론》이 그 개막을 예고했던 산업혁명(1760년~1815년)을 통해 자유무역정책을 추진하게 되었다. 이상의 세 개 혁명은 《국부론》의 내용을 매우 심대하게 규정하고 있다.

《국부론》이 탄생할 수 있었던 결정적인 요인 가운데 하나는 스미스 자신의 적극적인 자세이다. 그가 책을 쓴 목적은 추상적인 논쟁이나 학생들에 대한 강의를 위해서가 아니라, 국가가 나아가야 할 올바른 방향을 제시하기 위해서였다. 물론 그는 사회체제를 뒤엎으려는 혁명가는 아니었다. 그의 관심은 나라의 부^富를 증진시키는 데 있었다. 그 원리를 찾아내려는 열정이 스미스를 진보주의자로 이끌었을 뿐이다.

중상주의(重商主義, mercantilism)

15세기부터 18세기 후반의 자유주의적 단계에 이르기까지 서유럽 국가에서 채택한 경제정책과 경제이론을 가리킨다. 초기 산업자본을 위해 국내 시장을 확보하고, 국외 시장을 개척할 목적으로 외국제 완제품의 수입 금지와 제한, 외국산 원료의 수입 장려, 국내 상품의 수출 장려, 국내 원료의 수출 금지 등의 조치를 실행하였다. 그러나 이 중상주의는 정치적으로 시민혁명과 더불어 해체되었고, 《국부론》의 출판과 함께 그 이론적 의미를 상실하게 되었다.

🏛 《국부론》의 주요 내용

부의 원천을 밝히다

《국부론》의 원제는 《국부^{國富}의 본질과 원인에 관한 연구》이지만 약칭인 '국부론'으로 불린다. 총 5편으로 이루어져 있고, 제목에서 알 수 있듯이 '부의 원천'을 밝혀내는 데 역점을 두었으며, 누진세에 대하여 처음으로 언급했다.

제1편은 노동에 있어서 모든 생산력의 개선 원인과 그 생산물이 국민의 여러 계급들 사이에 자연적으로 분배되는 질서에 대하여, 제2편은 자본의 성질, 축적, 사용에 대하여, 제3편은 각 나라별 국부 증진의 과정에 대하여, 제4편은 정치경제학의 학설체계에 대하여, 제5편은 정부의 역할이나 조세징수의 방법에 대하여 논하고 있다.

근대사회의 생산력은 분업에 있다

《국부론》의 초반에 나오는 핀 매뉴팩처*의 분업 이야기는 너무나 유명하다. 가령 핀을 만들 때 노동자 한 사람이 핀 제조공정 전체를 담당하게 되면 하루에 한 개도 못 만들지만, 제조공정을 18개로 나누어 10명이 분업하는 경우에는 하루에 4만 8,000개를 만들 수 있다. 스미스는 근대사회의 눈부신 생산력 발달에 있어서 수수께끼를 푸는 열쇠로 분업의 개념을 사용하였다.

그렇다면 분업의 장점은 과연 무엇일까?

첫째, 기능의 개선이다. 각자에게 주어진 단순한 작업을 자신의 유일한 평생업무로 받아들이는 일은 반드시 기술개선을 가져온다.

둘째, 시간의 절약이다. 한 작업에서 다른 작업으로 옮겨갈 때 잃

매뉴팩처manufacture
생산기술의 기초를 수공기술에 두고 있는 점에서는 수공업에 가깝지만 임금노동자의 고용을 기반으로 하는 대규모 생산이라는 점에서는 대공업에 가까운 생산형태이다.

어버리는 시간을 절약함으로써 얻는 이익은 매우 크다.

셋째, 직공이 발명하는 기계류의 응용이다. 모든 주의력을 단순 작업에 집중시킴으로써 훨씬 쉽고 편리한 생산방법을 찾아낼 수 있다.

이러한 분업은 작업장뿐만 아니라 사회 전체 안에서도 이루어지고 있다. 직업의 분화分化가 바로 그것이다. 혼자서 여러 가지 물건을 만들어 자급자족하는 대신, 각 개인은 하나의 상품 생산에 전념하고, 그것을 시장에 내다팔아 손에 쥔 돈으로 시장에서 다른 여러 가지 생활용품을 사서 생활하는 것이다. 이런 의미에서 근대 시민사회는 가장 발달된 분업사회이고, 교환사회이다. 또한, 한 가지 업종에 종사함으로써 시간이 흐를수록 기술은 향상되고, 사회의 생산력 또한 눈에 띄게 높아지게 된다.

자본가, 노동자, 지주의 구별이 이루어지다

많은 노동자를 고용하여 분업을 조직하는 것은 어디까지나 자본이다. 자본이 없으면 기업을 경영하는 것도, 매뉴팩처를 운영하는 것도, 분업을 조직하는 일도 불가능하다. 따라서 근대사회의 거대한 생산력을 실현시킨 조건은 역시 자본이다.

자본을 아낌없이 생산에 투자하도록 하기 위해서는 그 자본액수에 비례하는 만큼의 수입이 보장되어야 한다. 그렇지 않으면 어느 누구도 큰 자본을 투자하여 그 관리운영의 위험이나 노고를 겪으려하지 않을 것이다. 따라서 자본에 비례하는 평균이윤율이 불가피하다. 이것은 자본이라는 재산에 따르는 소득으로, 임금과는 성격이 다르다. 이윤, 임금, 지대地代(토지 사용료)의 개념이 뚜렷이 구별되자 자본가, 노동자, 지주라는 근대사회의 3대 계급도 확실하게 구별되었다. 이 계급의 구별을 처음으로 확립한 사람이 바로 스미스이다.

'보이지 않는 손'의 역할

그런데 모든 상품이 같은 가격(같은 노동량)으로 교환되기 위해서는 근대적 시민권이 자유롭고 평등하게 행사되지 않으면 안 된다. 여기서는 봉건주의적인 여러 가지 제약이나 중상주의적 보호정책, 특권회사나 독점기업이 불필요해진다. 모든 생산자들이 같은 조건에서 자유롭게 경쟁함으로써 자연스럽게 같은 가격의 교환이 이루어지게 되는 것이다. 스미스는 이를 '자연가격'이라 부른다. 즉 상품이 부족하면 시장가격이 높아지는데, 그러면 평균 이상의 이윤이 얻어지기 때문에 자본이 이 부문으로 들어온다. 그러나 상품의 생산과 공급이 늘어나게 되면 시장가격은 도리어 떨어지게 되고, 평균적인 이윤만 얻게 된다. 결국 시장가격은 항상 자연가격으로 돌아오고 그 수준을 유지하게 되는 것이다.

이와 같이 각각의 시민들이 제멋대로 이기심을 추구하더라도 사회적 총결과는 조화롭게 나타나는데, 스미스는 이를 두고 '보이지 않는 손invisible hand'이 작동한다고 표현했다.

"오직 자신의 이익만을 추구하는 과정에서 '보이지 않는 손'에 이끌려 의도하지 않았던 공익도 얻게 된다."

《국부론》에 등장하는 이 '보이지 않는 손'은 스미스 경제이론의 상징이 되었다. 그것은 각 개인의 이기심에 의해 생산된 부(재화)가 시장가격을 통해 가장 적합한 상태로 분배될 수 있음을 의미한다. 스미스는 《도덕 감정론》에서도 "인간 본성이 자연스레 인류를 번영과 질서로 이끈다"라고 표현했다. 그는 국가가 어떤 특정 기업을 밀어주지 않아도 경제발전이 이루어질 것이라고 보았다.

자유무역 정책은 역사적 필연이다

제4편에서 스미스는 중상주의 정책의 체계를 비판하고 자유무역 정책으로 옮겨가야 할 역사적 필연성을 논증하고 있다. 원래 중상주의 정책은 국가권력의 도움으로 산업자본을 육성하는 데 초점이 맞추어져 있다. 그것은 각 나라가 서로 수입을 억제하고 수출을 장려하며 식민지무역을 독점하려 하는 정책이다. 그러나 각 나라는 서로 무역의 균형을 확보하고 외국으로부터 금속화폐를 획득하려 한다. 따라서 이 정책은 분업의 구조를 왜곡시키고 자본의 축적을 가로막게 된다. 그리하여 이제 자유무역주의로 옮겨가는 일은 역사적 필연이 되는 것이다. 이러한 체제 하에서 국가가 담당해야 할 역할은 국방과 사법과 약간의 공공사업에 지나지 않는다.

《국부론》의 마지막 편인 제5편은 이러한 정부의 역할이나 조세징수의 방법에 대해 논하고 있다. 사법은 국내에서 시민권을 보장함으로써 분업과 자본축적의 급성장을 위한 정치적, 사회적 조건을 보장한다. 국방은 국제적 상황에서 그와 같은 일에 종사한다. 약간의 공공사업은 교육이나 도로나 항만설비와 마찬가지로 사회의 총자본에 의해 이용되고, 그것에 많은 이익을 가져다준다. 하지만 개별 자본이 투입되기 곤란한 사업의 경우는 국가가 그것을 대신해주어야 한다.

이때 공무원은 사회적 분업의 한 부문을 담당한다. 비생산적 노동자인 공무원은 그런 역할을 담당함으로써 간접적으로 국부 생산에 기여한다. 정부나 공무원은 국민의 위에 있는 지도자가 아니라,

시민사회의 내부에 있어서 사회적 분업의 한 부문을 담당하는 보통 시민과 다름없다. 따라서 그것은 '시민정부'라고 불린다.

《국부론》의 가치와 의의

미완의 원고는 한 줌의 재로

《국부론》은 근대 시민사회의 모든 기구들을 통일적이고 체계적으로 해명하고 있다. 스미스는 분업과 교환, 자본축적과 경제성장, 근대 시민권과 근대 생산력, 국가와 경제 등 근대사회의 여러 측면들이 서로 어떻게 관련되어 있는지를 논하고 있다.

그는 평생 독신으로 지내면서 공부에만 열중했는데, 말년에는 어머니와 사촌누이와 함께 살았다. 그러나 1784년에 어머니가 죽고 4년 뒤에 사촌누이마저 세상을 떠나자 스미스는 정신적, 육체적으로 점차 쇠약해졌다. 1787년 겨울, 그는 글래스고 대학 총장에 선임되어 마지막 행복을 누리기도 하지만, 건강이 급속도로 악화되어갔다. 1790년 6월, 건강이 극도로 나빠졌을 때 그는 병문안을 온 친구에게 이렇게 말했다.

"내가 한 일은 정말이지 조금밖에 없어. 더 많이 일했어야 했는데 말이야. 내 서류 속에는 굉장히 많은 일을 할 수 있는 자료가 들어 있지만, 이제 아무 소용이 없네."

그는 친구에게 자기가 죽으면 미완성 원고와 자료들을 태워달라고 부탁했다. 친구는 스미스의 당부가 매우 진지하고 간절했기 때문에 그러겠노라고 약속했다. 죽음을 앞둔 어느 날, 스미스는 친구에게 자기가 보는 데서 그것들을 태워달라고 부탁했다. 이렇게 해서 스미스가 가지고 있던 10여 권의 노트는 한 줌의 재가 되었고, 그는 그 장면을 보고서야 비로소 안도했다.

스미스는 1790년 7월 7일, 약 3,000권의 장서와 약간의 재산을 남긴 채 67세의 나이로 세상을 떠났다. 그가 눈을 감았던 에딘버러의 집은 오늘날 '애덤 스미스의 집'이라 불리고 있다.

《국부론》은 독일어, 프랑스어, 이탈리어 등 세계 각국의 언어로 번역되어 그가 죽은 후 20여 년 동안 발췌본, 번역본을 합쳐 60종이 넘게 출판되었다. 그의 사상은 인류의 귀중한 유산으로 남아 있다.

수능기출문제

9. 갑, 을 사상가 모두가 긍정의 대답을 할 질문으로 옳은 것은?

> 갑 : 상인은 근면함으로 부자는 허영심으로, 자기 이익을 추구하지만 결국 공공의 행복을 가져왔다. 이처럼 개인이 자유롭게 이익을 추구할 때 개인의 노력은 의도하지 않게 사회의 부와 번영을 가져온다.
>
> 을 : 의사가 제대로 된 처방을 내리면 질병을 치료할 수 있듯이 경제 공황도 치료가 가능하다. 경제 공황의 원인은 수요의 부족이며 제3의 경제 주체가 유효 수요를 만들어야 한다.

① 시장에서의 자유 경쟁을 통한 합리적 이익 추구를 중시하는가?
② 삶의 질을 높이고자 사회 복지 안전망의 확대를 추구하는가?
③ 경제적 형평성이 '보이지 않는 손'에 의해 극대화되는가?
④ 경제 발전을 위하여 민간 기업의 공기업화를 지향하는가?
⑤ 정부의 시장에 대한 개입의 필요성을 강조하는가?

정답 ①

2. (가), (나)의 사상적 관점에 대한 설명으로 옳은 것은? [3점]

(가) 자신의 이익만을 추구하는 사람들이 보이지 않는 손에 의해 결과적으로 공익에 기여하게 된다. 개인이 자유롭게 자신의 이익을 추구한다면 국가의 부(富)가 창출된다.

(나) 시장에 모든 것을 맡겨서는 안 된다. 시장이 제대로 작동하지 않아 자원이 효율적으로 배분되지 못할 경우 정부가 적극적으로 개입하여 유효 수요를 창출해야 한다.

---

① (가)는 부의 증진을 위해 '국가에 의한 자유'를 강조한다.
② (나)는 인위적인 방식을 통해 '시장 실패'의 극복을 강조한다.
③ (가)는 상대적 평등을 강조하고, (나)는 절대적 평등을 추구한다.
④ (가)는 '능력에 따른 분배'를, (나)는 '필요에 따른 분배'를 강조한다.
⑤ (가), (나)는 인간다운 삶을 위해 사회 복지의 극대화를 지향한다.

8. (가), (나) 사상에 대한 옳은 설명을 〈보기〉에서 고른 것은?

> (가) 정부는 기업가의 자유로운 경제 활동과 개인의 재산권을 침해해서는 안 된다. 시장 원리에 맡겨두면 '보이지 않는 손'에 의해 예정 조화적으로 국가의 부가 증대되기 때문이다.
>
> (나) 정부가 공공 서비스, 대중 교육, 적극적인 과세 등을 통해 시장에 개입하는 것은 불가피하다. 시장 원리만으로는 유효 수요의 창출과 자원 배분이 효율적으로 이루어지지 않기 때문이다.

〈보기〉

ㄱ. (가)는 '작은 정부'를, (나)는 '큰 정부'를 지향한다.
ㄴ. (가)는 소득의 균등 분배를, (나)는 차등 분배를 강조한다.
ㄷ. (가), (나)는 사익 추구를 위한 자유 경쟁 원리를 수용한다.
ㄹ. (가), (나)는 '국가에 의한 자유' 실현을 위한 정책을 강조한다.

① ㄱ, ㄴ   ② ㄱ, ㄷ   ③ ㄴ, ㄷ
④ ㄴ, ㄹ   ⑤ ㄷ, ㄹ

정답 ②

13. 그림은 (가), (나) 사상과 관련된 주요 개념을 도식화한 것이다. (가), (나)에 해당하는 영역으로 가장 적절한 것은?

(가) 빈곤이 개인의 자유를 방해하는 것으로 간주하고, 재정 지출을 늘려 공공재의 공급 부족과 빈부 격차를 해결하는 것이 정부의 역할이다.

(나) 개인의 이익 추구가 공동체 전체의 이익을 증진하는 것으로 간주하고, 정부의 역할을 외부의 적과 내부의 위협으로부터 국민의 재산 및 자유를 보호하는 것에 국한한다.

	(가)	(나)		(가)	(나)
①	I	III	②	II	IV
③	III	I	④	III	II
⑤	IV	II			

3. 갑, 을 사상가들의 관점에 대한 설명으로 옳은 것은?

갑 : 오늘 당신이 따뜻한 우유와 빵으로 식사를 할 수 있었던 이유는 무엇입니까? 그것은 축산업자, 제빵업자 등의 도움이 아니라 각자의 이익 추구에 따른 행동에 의해 이루어진 것입니다. 따라서 경제 활동을 전적으로 시장에 맡겨 두면 국가의 부가 증진됩니다.

을 : 폐광 속에 돈을 집어넣고 그것을 메워 버리는 정부 정책은 어떻습니까? 우선 돈을 묻는 작업을 하는 데 일자리가 생기고, 그 다음에는 돈을 파내는 데 일자리가 생깁니다. 이와 같은 방식으로 하면, 어려웠던 국가 경제는 되살아날 것입니다

---

① 갑은 '국가에 의한 자유'를 강조한다.
② 을은 국가 개입에 의한 '정부 실패'를 비판한다.
③ 갑은 상대적 평등을, 을은 절대적 평등을 추구한다.
④ 갑은 '능력에 따른 분배'를, 을은 '필요에 따른 분배'를 주장한다.
⑤ 갑, 을은 자유 경쟁에 의한 개인의 창의성 발현에 가치를 둔다.

마르크스의
《자본론》

자본주의에 대한
가장 날카로운 비판서

Marx

마르크스,
지지자와 반대자들 사이에서
극과 극의 평가를 받다

영국 런던의 하이게이트 묘지에 묻혀 있는 마르크스는 부릅뜬 눈에 조금은 겁먹은 듯 보이는 흉상 아래의 묘비에서 '세계의 노동자들이여, 단결하라!'고 외치고 있다. 칼 포퍼는 "젊어서 마르크스주의자가 되어보지 않는 자는 바보요, 나이가 들어서도 마르크스주의자로 남아 있는 자는 더 바보다"라고 말했다. 그만큼 카를 마르크스는 인류에 엄청난 영향력을 행사해왔다.

과학적 사회주의의 창시자인 마르크스는 독일의 트리어에서 변호사의 아들로 태어났으며, 아버지의 뜻에 따라 본Bonn 대학의 법학부에 진학했다. 그러나 그는 법학보다 철학과 역사학에 더 관심이 많았다. 아들에게 매우 자상했던 어머니는 멀리 떨어져 있는 아들의 건강을 염려해 세세한 당부의 편지를 보내곤 했다.

"사랑하는 아들아. 청소를 사소한 일로 여겨서는 안 된다. 건강과

쾌적함은 청소에서 나온단다. 그러니 네 방 청소하는 것을 잊지 말아라. 그리고 매주 수세미와 비누로 문질러 닦도록 해라."

마르크스는 학창시절 모범생과는 거리가 멀었다. 싸우다가 다치는가 하면 큰소리로 노래 부르고 다니다가 대학 안에 있는 학생감옥*에도 들어갔으며, 씀씀이가 헤퍼 빚을 진 적도 있다.

베를린 대학에서의 생활은 아버지의 기대와 동떨어진 것이었다. 그리하여 아버지에게서 "학문의 모든 분야를 어정쩡하게 이리 기웃저리 기웃하면서 침침한 석유등잔 아래서 모호한 야심을 품고 학자차림으로 망나니짓을 하는 놈, 예의라고는 털끝만큼도 모르는 제멋대로인 녀석"이라는 비난을 듣게 된다.

평생의 벗, 엥겔스

마르크스는 스물세 살 되던 해에 한 시간도 출석한 적이 없는 예나 대학에서 철학박사 학위를 받는다. 그는 애초에 대학교수가 되려고 하였다. 그러나 보수주의적인 프로이센(당시의 독일) 정부의 방해로 뜻을 이루지 못한다. 마르크스는 당시 '국가란 단지 역사발전의 한 과정에 불과하다'고 보는 헤겔 좌파에 속해 있었다. 따라서 프로이센 정부의 눈에는 그 역시 혁명적 변혁을 주장하는 반국가적 행위자에 지나지 않았다.

이후 마르크스는 〈라인신문〉의 편집장을 맡아 진보적인 논설을 싣기 시작했다. 다만 이때까지는 공산주의에 대해 단호하게 거부의 뜻을 밝혔다. 그러나 이 신문 역시 프로이센 정부에 의해 폐간되었고, 이후 마르크스는 프랑스 파리로 망명을 떠나게 된다.

마르크스는 귀족 출신의 미인 예니 폰 베스트팔렌과 비밀약혼을

학생감옥
예컨대 1712년에서 1914년까지 하이델베르크 대학은 치외법권 지역이었다. 술에 취해 누구를 때렸다거나 치안방해 등의 경범죄를 저지른 학생에게 대학은 경찰을 대신해 벌을 내렸는데, 죄에 따라 하루에서 30일까지 학생감옥에 가두었다. 처음 3일 동안은 물과 빵 외에 아무것도 먹을 수 없었으나 그 이후부터는 사식私食도 허용되고 수업도 받을 수 있었다. 학생들은 감옥에 들어가는 것을 오히려 명예롭게 생각했으며, 밤에 감옥 안으로 술과 음식들을 반입하는 등 낭만을 즐기기도 했다. 현재 하이델베르크 대학 감옥 안에는 침대와 책상만이 놓여 있고, 벽에는 학생들의 낙서와 사진 등이 가득하다.

하는데, 그것은 무엇보다 예니 집안의 반대를 우려해서였다. 약혼에서 결혼에 이르는 7년 동안 그들이 주고받은 편지는 세계 서간書簡 문학사상 빼놓을 수 없는 열정적인 명문이었다. 그리고 이때야말로 마르크스에게는 뮤즈Muse(그리스 신화에 나오는 학문과 예술의 여신으로 보통 시나 음악의 신으로 알려져 있다)가 강림했던 시기이기도 하다.

그들 사이에는 여섯 명의 자녀가 태어났으나, 그 가운데 둘은 가난 때문에 어려서 죽었다. 그 후 극진히 사랑했던 아내마저 죽자 그는 대단히 비통해했다.

프랑스에서도 추방당한 마르크스는 벨기에의 브뤼셀로 가서 17명의 회원으로 세계공산당을 창당한다. 이것이 문제가 되어 그는 마지막 종착지 런던에서 여생을 보내게 된다.

런던에서 그는 극도로 가난한 생활을 했다. 가구를 저당 잡히는 일도 있었고, 언젠가는 옷이 전당포에 잡혀 외출을 못한 적도 있었다. 빚으로 압박을 받다가 파산을 선고하기 직전까지 가기도 했는데, 평생 동안 그의 충실한 벗이었던 엥겔스*가 최악의 사태를 막아주었다.

《자본론》의 역사적 배경

자본주의 사회의 어두운 면에 주목하다

마르크스가 살았던 19세기는 시민혁명과 산업혁명의 여파로 유럽 전체가 풍랑에 휘말린, 그야말로 혼돈의 시대였다. 17, 18세기의 절대왕정을 타파한 유럽의 정치구조는 개인의 정치적, 종교적 자유

엥겔스
독일의 경제학자. 철학자. 사회주의자, 혁명가. 마르크스와 함께 마르크스주의의 창시자이며, 국제공산주의운동의 지도자였다.

를 근간으로 하여 산업혁명을 거쳐 자본주의를 확립시키는 한편, 자유주의적 사조를 퍼뜨렸다. 그리고 마침내는 경제적 자유를 요구하는 수준으로까지 나아갔다. 그러나 소유권의 불가침, 계약의 자유 등을 주요 내용으로 하는 경제적 자유는 무절제한 자유방임으로 말미암아 도리어 경제적인 불평등과 대량실업, 자본가와 노동자의 대립, 무질서 등으로 치달아 사회불안을 더욱 증가시켰다. 당시 영국에서는 저임금 노동, 부녀자와 어린이의 노동착취, 기계화로 인한 수많은 실업자의 발생, 단순노동으로 인한 인간성 상실 등과 같은 문제점들이 나타나기 시작했다. 이것을 목격한 마르크스는 '오직 자본주의 사회를 무너뜨림으로써만 인간해방이 가능하다'고 믿게 되었고, 그것은 후에 변증법적 유물론에 기초한 혁명이론으로 표출되었다.

애덤 스미스는 '시장이란 각 개인이 사적인 이익을 추구하는 가운데 저절로 사회 전체의 이익도 증진케 하는 계기를 제공함으로써, 사회 전체적으로는 사익과 공익을 조화시키는 기막힌 장치'라고 보았다. 그러나 마르크스는 자본주의 시장의 어두운 면, 즉 계급 갈등과 인간소외, 착취, 실업, 빈곤 등의 부정적인 면에 주목했다. 그의 이러한 시각은 《자본론》에 생생하게 나타나 있다.

마르크스철학의 세 가지 이론적 원천

애초에 베를린 대학에서 마르크스는 헤겔의 변증법에 이끌려 독일관념론에 심취했었다. 그러나 포이어바흐 등 헤겔 좌파의 영향을 받아 점차 무신론적, 혁명적인 방향으로 나아갔다. 결국 그가 박사 학위를 받은 논문의 제목은 '데모크리토스의 자연철학과 에피쿠로스 자연철학의 차이'였다.

마르크스철학에는 세 가지의 이론적 원천이 있다. 철학적으로는 헤겔의 변증법적 사상과 포이어바흐의 유물론을 종합한 변증법적 유물론, 경제학적으로는 애덤 스미스와 리카도의 영국 고전경제학으로부터 배운 노동가치설과 잉여가치설, 정치학적으로는 생시몽®과 푸리에® 같은 프랑스의 공상적 사회주의자들로부터 받아들인 무계급 사회라는 이상이 바로 그것이다.

첫째, 마르크스는 '물구나무 서 있던 헤겔철학을 두 발로 땅에 딛고 서게' 함으로써 관념론적 성격을 유물론적 철학으로 바꾸어놓았다. 헤겔철학으로부터 변증법을 받아들이되, 헤겔이 강조하는 절대정신(세계정신) 자리에 대신 물질을 가져다 놓은 것이다. 마르크스는 이념과 의식을 앞세운 관념론적 변증법 대신에 물질과 생활, 실천을 강조하는 유물론적 변증법이 들어서야 한다고 주장하였다.

둘째, 마르크스는 '상품의 가치란 그것의 생산에 들어간 노동량에 의해 결정된다'고 하는 노동가치설과, '노동자에 의해 생산된 상품의 가치와 그 노동 자체에 대한 가치(임금) 사이에는 차액이 발생한다'는 잉여가치설에 의하여 착취이론에 대한 암시를 받았다. 노동자는 잉여가치만큼 자본가로부터 착취를 당하고 있다는 것이다.

셋째, 마르크스는 공상적 사회주의자들과 달리 정확한 역사통찰에 기초한 자신의 방법을 '과학적 사회주의'라고 부르면서 앞으로 사회주의 사회를 거쳐 공산주의 사회가 다가오는 것은 역사적 필연이라고 주장하였다. 다만 그 시기를 앞당길 필요가 있으며, 이러한 맥락에서 프롤레타리아(무산계급)에 의해 혁명이 일어나야 한다고 역설했다.

생시몽
프랑스의 초기 공상적 사회주의자. 달랑베르를 비롯한 계몽주의 사상의 영향을 많이 받았다. '새로운 사회는 평화적으로 실현되어야 하지만, 계급투쟁이 역사의 추진력이 되어야 한다'고 주장했고, 그의 사상은 마르크스와 엥겔스로 이어졌다.

푸리에
프랑스의 공상적 사회주의자. 리용에서 점원 노릇을 하다가 파리에 나가 이상사회 건설을 위한 자금원조를 요청하였다. 그러나 뜻을 이루지 못하자 다시 점원으로 돌아가 가난한 상태에서 사망하였다.

 《자본론》의 주요 내용

자본주의 경제 분석서

마르크스가 구상하고 서술한《자본론》의 초고는 총 3권 4부로 되어 있다. 제1부는 자본의 생산과정, 제2부는 자본의 유통과정, 제3부는 자본주의적 생산의 총과정, 제4부는 학설사였다. 제1권은 그가 생존해 있던 1859년에, 제2권과 제3권은 엥겔스에 의해 1885년과 1894년에 각각 발행되었고, 제4부는 카우츠키에 의해《잉여가치의 제설》이란 이름으로 1905년과 1910년에 3권으로 나누어 발간되었다.

《자본론》은 마르크스가 자본주의적 생산양식을 분석하고 그 운동법칙과 내적모순을 밝혀내고자 시도한 그의 대표적인 책이다. 마르크스는 그 당시의 부르주아 사회를 올바르게 이해하기 위해서는 그 토대가 되는 자본주의 '경제'를 철저하게 연구해야 한다고 믿었다. 왜냐하면 물질적 생산활동이야말로 사회생활 전반을 규정하는 토대로서 사회의 모든 제도(법률 등)뿐만 아니라 사회적 의식(철학이나 종교)에까지 결정적인 영향을 미치기 때문이다. 이러한 신념을 가지고 마르크스는 자본주의 경제를 완전히 분석하기 위해 자본, 토지재산, 임금노동, 국가, 대외거래, 세계경제라는 여섯 권의 책을 계획하였다. 그러나 여러 가지 사정으로 인하여 그 가운데 일부만 완성할 수 있었다.

잉여가치와 노동착취

마르크스 경제학은 '상품의 가치란 그 상품생산에 투하된 직·간접적 노동량의 총화이다'라는 노동가치설에서 출발한다. 상품의 시장가격은 노동의 가치와 일치하므로 상품의 판매수입은 노동자에게 전부 돌아가야 한다. 그러나 자본주의 경제에서는 그 일부를 자본가들이 착취한다고 보고, 이것을 잉여가치 또는 불로소득이라 이름 붙였다.

그렇다면 잉여가치가 발생하는 이유는 무엇인가? 노동자는 착취를 당할지언정 생존을 위해 자본가에게 노동력을 팔지 않을 수 없다. 또한, 자본가는 그 속성상 자본을 계속 축적하려 하기 때문에 노동자에게 그 몫을 다 지불하지 않는다. 여기에서 잉여가치가 생긴다. 마르크스는 이러한 이론을 바탕으로 하여 '자본주의가 어떻게 멸망하고, 사회주의가 어떻게 생겨나는가?'를 설명했다.

마르크스에 따르면, 자본가의 속성은 이윤과 자본의 계속적인 축적이다. 그리고 그 축적의 목적은 뒷날 어느 때 소비하기 위해서가 아니라 부의 무한한 축적, 자본축적 그 자체에 있다. 그런데 자본가가 자본을 축적하면 할수록 이윤율은 더 떨어지게 되고, 그렇게 될수록 자본가는 노동자를 더 착취하게 되므로 노동자 계급은 더욱 가난해질 수밖에 없다. 즉 노동자의 임금수준은 점점 더 떨어져, 심지어 자신들이 만들어낸 제품조차 살 수 없는 지경에 이르게 된다.

또한, 공장자동화 등에 사용되는 기계나 장비는 노동자들이 생산한 것임에도 불구하고 오히려 노동자들이 이것들의 지배를 받게 되며, 노동조건 또한 악화되어 소외감은 갈수록 증대된다. 그리고 자본가가 자본을 축적함에 따라 노동보다 자본의 사용이 더 많아져 실업이 증가하게 되기 때문에, 이른바 실업자 집단인 '산업예비군'이 늘어나게 된다. 산업예비군의 증가는 곧 노동자의 임금이 인간의 최저 생계수준 이상으로 올라가는 것을 막게 된다.

그런데 자본의 이윤율이 계속 떨어지고 국내에 투자할 기회가 없어지면 어떻게 될까? 이때 자본가들은 정부와 결탁하여 해외에 진출함으로써 식민지를 만들어내고, 이로부터 잉여가치를 잔인하게 착취하는 침략주의자, 제국주의자가 등장하는 것이다.

자본주의의 필연적 멸망을 예언하다

이러한 자본주의 국가의 자본축적 과정에서 소득분배의 불균형이 심화됨에 따라 수탈을 당하는 프롤레타리아 계층에서는 점차 계급의식이 생겨나게 되고, 다른 한편으로 자본축적이 고도화되고 대규모 생산이 이루어짐에 따라 경쟁체제가 무너지며, 자본의 집중을 통해 독점화 현상, 즉 독점 자본주의 현상이 생겨난다. 그리고 생산이 증가함에도 불구하고 이를 소비할 노동자계층의 소득은 점점 줄어들어 소비가 부족한, 이른바 과소소비(생산과 저축에 비해 소비를 적게 하는 것) 상태가 되며, 이에 따라 경기침체는 더욱 깊어져 공황depression이 발생하게 된다. 결국 경제는 위기상황으로 치달아 무산대중(가난한 대중)은 더욱 고통을 받게 된다.

독점 자본주의의 마지막 단계에서 자본주의 경제는 하나의 거대한 트러스트(자본적으로 결합한 독점 형태)나 독점 기업화를 이루게 된다. 이렇게 되면 불황과 궁핍화 역시 극에 달해 프롤레타리아 계급은 서로 단결하여 격렬한 저항을 하게 되고, 급격한 사회혁명을 통해 자본주의 체제가 무너지고 사회주의 국가가 세워지게 된다.

마르크스는 이와 같이 노동자계층의 혁명과 대공황을 가져오는 경기변동이 자본주의의 위기와 멸망의 원인이 된다고 보았다. 이상이 노동가치론과 잉여가치론으로 자본주의의 멸망과 사회주의의 도래를 설명한《자본론》의 핵심내용이다.

돈의 파괴적인 위력

마르크스는 노동가치설과 잉여가치설로부터 착취이론에 대한 암시를 받았고, 그것을 급기야 혁명이론으로 연결시켰다. 노동자는 잉여가치만큼 자본가로부터 착취를 당하기 때문에, 프롤레타리아(무산계급)에 의해 혁명이 일어나야 한다고 역설했던 것이다.

마르크스는 이에 대한 근거로 지금까지의 인류 역사를 생산력과 생산관계를 중심으로 분석하고 있다. 참으로 이상적인 형태인 원시 공동사회를 제외하면 모든 경제구조는 가진 자와 가지지 못한 자로 차별화되어 인간 불평등이 초래되었고, 현재의 자본주의 사회 역시 노동자들이 자기의 노동력을 상품처럼 팔지 않으면 안 되는 구조가 되었다.

인간은 노동을 통해 외적인 것(생산물)을 창조하고 자기의 본질을 실현해나간다. 그러나 외적인 것은 어느새 독립성을 띤 것으로 나타나 오히려 인간을 지배하기에 이른다. 인간은 스스로 가치를 생산하면서도 자기의 생산물에 대해 권리를 주장하지 못하는 존재로 전락하고, 마침내 그 물질에 의해 지배받게 되는 것이다. 결국 인간의 진정한 목적인 자유는 그 수단으로서의 물질(돈)에 의해 오히려 방해를 받고 만다.

생산과정에서 거대한 기계장치의 부속품으로 전락한 인간은 현실생활에서 돈의 포로가 되어 새로운 신으로서의 돈(물신物神)을 떠받들게 된다. 돈은 위력적인 힘으로서 인간의 목을 죄어오며 스스로에 대한 철저한 복종을 강요한다. 이와 같은 소외현상은 곳곳에서 벌어진다. 인간은 상품으로부터, 종교로부터, 법률로부터, 국가로부터 점점 소외되어간다.

🏛 《자본론》의 가치와 의의

인간해방의 신념이 낳은 저작물

《자본론》이 세상에 나오기까지 마르크스에게는 그야말로 뼈를 깎는 고통의 시간이 있었다. 가난에 겹쳐 끊일 새 없이 병마病魔가 그의 가족을 찾아들었고, 절망에 빠진 아내 예니는 아이들과 함께 자살하려는 충동에까지 사로잡힌다.

그러나 마르크스는 이를 악물고 연구를 계속한다. 영국의 대영박물관을 드나들면서 경제학과 관련된 서적들을 집중적으로 탐독하였으며, 이후 수십 년 동안 정치경제학 연구에 몰두했다. 그가 어려운 여건 속에서도 저술활동을 계속할 수 있었던 것은 '인간해방'이라는 신념과 더불어 엥겔스와 딸, 아내의 헌신적인 뒷바라지가 있었기 때문이다. 그러나 1881년 아내가 세상을 떠나고, 2년 후 딸마저 갑작스럽게 죽게 되자 마르크스는 엄청난 충격을 받았다. 그는 결국 1883년 3월 14일 망명지 런던에서 숨을 거둔다.

세상에 완전무결한 사상은 없다

어떤 이들은 소련을 비롯한 사회주의 국가들의 몰락을 바라보면서 '이제 마르크스주의는 더 이상 필요 없게 되었다'는 논리를 편다.

마르크스철학에 대한 맹목적 신앙이 금기인 것처럼, 그에 대한 무조건적인 비판 역시 부당하다. 그의 사상은 인류 역사에 등장했다가 사라진 수많은 위대한 사상과 마찬가지로 완전무결하지도 않지만, 그렇다고 하여 터무니없는 오류도 아니다. 자본주의의 미래에 대한 불길한 예언 또는 과학적 논증 역시 전적으로 실현되지도, 완전하게 빗나가지도 않았다.

물론 오늘날 선진 자본주의 국가의 노동자는 마르크스가 주장한 것처럼 "잃을 것이라곤 쇠사슬밖에 없다"는 절대빈곤의 나락에 빠져 있지도 않다. 중요한 것은 마르크스가 추구한 가치이지, 그가 선택했던 방법이 아니다. 경제적 평등에 의해 뒷받침되는 자유, 소외되지 않는 노동, 정당한 근로에 의한 소득, 인간의 자유를 침해하는 모든 불합리한 관습과 이데올로기로부터의 해방, 개인의 자유롭고 전면적인 발전 등 그가 옹호한 가치는 한 시대의 획을 긋는 가치인 것만은 분명하기 때문이다.

마르크스 경제이론의 결정체인 《자본론》은 20세기의 역사와 거의 모든 학문 분야에 걸쳐 막대한 영향을 끼쳤다. 마르크스와 엥겔스는 수십 권의 책을 저술했지만, 그중에서도 《자본론》은 《공산당선언》과 《공상에서 과학으로, 사회주의의 발전》과 더불어 가장 널리 읽히는 책이다.

마르크스를 추도하는 자리에서 엥겔스는 "반대자는 많았으나 개인적인 적敵은 한 사람도 없었다. 그의 이름은 수백 년이 지나도 살아있을 것이며, 그의 저작도 그럴 것이다"라고 말했다.

수능기출문제

14. (가), (나)는 선언문의 일부이다. 이들이 함축하고 있는 사상의 특징을
〈보기〉에서 고른 것은?

> (가) 공산주의의 당면 목표는 프롤레타리아 계급을 형성하고, 자본가
> 계급의 지배권을 전복시키며, 프롤레타리아 계급이 정치 권력을
> 획득하는 것이다. – A 선언 –
>
> (나) 자유 없이는 사회주의도 있을 수 없다. 사회주의는 민주주의를 통
> 해서만 달성될 수 있으며, 민주주의는 사회주의를 통해서만 실현
> 된다. 그런데 공산주의자들은 그릇되게도 자신들이 사회주의의 전
> 통을 계승하고 있다고 주장한다. – B 선언 –

〈보기〉

ㄱ. (가)는 역사적 필연성에 따른 자본주의 붕괴를 주장한다.
ㄴ. (나)는 의회 활동을 통한 점진적인 사회 개혁을 추구한다.
ㄷ. (가)는 국가 존속을, (나)는 국가 소멸을 최종 목표로 설정한다.
ㄹ. (가), (나)는 사유 재산 제도를 공동선의 토대로 인정한다.

① ㄱ, ㄴ   ② ㄱ, ㄷ   ③ ㄴ, ㄷ
④ ㄴ, ㄹ   ⑤ ㄷ, ㄹ

정답 ①

존 스튜어트 밀
《자유론》

표현의 자유는
무제한 허용되어야 한다

John Stuart Mill

존 스튜어트 밀,
사상과 토론의 자유를 역설하다

존 스튜어트 밀은 제임스 밀의 장남으로 태어났다. 제임스 밀은 스코틀랜드에서 영국 런던으로 옮겨온 후 벤담*의 도움으로 책을 출판하여 경제학자이자 윤리학자로 명성을 떨쳤다. 또한, 아들을 자기 후계자로 키우기 위해 철저한 교육을 시켰다.

존 스튜어트 밀은 이미 세 살 때 희랍어를 배우고 《이솝이야기》를 읽기 시작했으며, 여덟 살부터 라틴어를 배워 4년 후에는 능통하게 구사했다고 한다. 이러한 교육과정은 그를 천재적인 아이로 만들었지만, 그의 아버지는 존이 자만에 빠질까 봐 아들의 재능을 칭찬하지 않았다. 때문에 밀 스스로는 자신이 천재라고 생각한 적이 없다고 한다.

그는 아버지의 아침 산책에 따라다니면서 전날 읽었던 독서의 내용을 보고하고, 질문에 답해야 했다. 존이 대답을 잘하지 못하면 아

벤담
영국의 윤리학자, 법률학자. "인간 행위의 동기는 쾌락을 추구하고, 고통을 피하는 데 있다"고 전제했고, 각 개인의 이익을 만족시키는 공리共利가 '최대다수의 최대행복'을 얻는 수단이라고 주장했다. 그의 사상은 밀Mill 부자에게 큰 영향을 주었다.

버지는 화를 내기도 했다. 존은 꾸중을 듣지 않기 위해 휴일도 없이 독서에 열중했고, 때문에 또래 친구들과 놀 수가 없었다. 집에서 주로 아버지한테 교육을 받은 밀은 한 번도 정규교육을 받아보지 못했다.

그는 열네 살 무렵 1년 동안 프랑스에 머물 기회가 생겼는데, 이때 프랑스어를 익히고 생시몽을 비롯한 지식인들과 어울리면서 그들의 사상을 배울 수 있었다. 그러나 어렸을 적 밀이 받은 일방적이고 협소한 교육은 결국 정신적 위기를 몰고 왔다. '삶의 목적을 발견할 수 없다'는 무력감에 빠지고 만 것이다. 지식 외에 정서교육의 중요성을 깨달은 밀은 이때부터 그림이나 음악을 감상하는가 하면, 전원의 아름다움을 노래한 워즈워스의 시를 읽기 시작한다.

대표작 탄생의 배경

밀이 스물네 살 되던 해인 1830년, 그는 런던의 실업가 존 테일러로부터 초대를 받았는데, 공교롭게도 그의 아내 테일러 부인과 사랑에 빠지고 만다. 밀보다 한 살 아래인 그녀(헬리어트 테일러)는 남편(존 테일러)과의 사이에 두 아이를 두고 있었다. 마땅히 추문이라고 불러야 할 이 사건이 크게 비난받지 않은 것은 삼각관계에 빠진 당사자들의 이성적인 태도 때문이었다. 20년 뒤에 테일러가 세상을 떠나자, 밀은 헬리어트와 결혼한다.

하지만 이 사건으로 밀은 가족과 많은 친구들을 잃었다. 심지어 어머니와 누이들과도 사이가 멀어진다. 한편, 이 시기에 밀은 후세에 길이 남을 두 권의 저서를 발표한다. 10년 동안의 연구 끝에 출간한《논리학 체계》와 나중에 영국 대학의 교재로 채택되기도 하는

《경제학 원리》가 그것이다. 더욱이 테일러 부인과 공저한《자유론》은 밀 스스로 '나의 책 중에서 가장 오래 남는 책이 될 것'이라고 공언했듯이, 그의 명성을 높여준 대표작이 되었다.

🏛 《자유론》의 역사적 배경

개인의 자유와 사회적 이익의 균형을 고민하다

밀이 살고 있던 시대는 생시몽, 푸리에, 오엔 등의 사회주의 사상이 노동자 계급으로 침투해 있었고, 자본가 계급과 노동자 계급 사이의 갈등이 격화되어 있었다. 1848년에는 마르크스와 엥겔스의 공산당 선언도 나왔다. 이러한 시대적 상황에서 밀은 사회적 자유의 기초를 분명하게 다지려고 하였다. 평소 밀은 영국 의회민주주의의 전통을 배워 새로운 사상이나 반대자의 의견에도 귀를 기울여왔다. 또한, 이성理性에 대한 믿음에 기초하여 진리를 추구하고, 인간의 자유와 존엄성을 향한 투쟁 대열에도 합류했다.

그렇다고 밀의 사상이 극단으로 치닫지는 않았다. 노동자들의 지위향상과 복리증진을 주장하면서도 지나친 자유방임과 횡포는 경계하였고, 민주주의 정부를 이상적 정부로 규정하면서도 대중의 인기를 좇는 정부의 문제점도 지적하였다. 그는 부당한 권력에 대항하는 개인의 자유를 옹호하면서도 그것들을 '어떻게 사회의 이익과 조화시킬 것인가'에 대해 끊임없이 고민했다.

인간정신의 자유를 중시하다

밀의 사상사적 발전은 크게 세 시기로 나눌 수 있다. 제1기는 경험주의적 인식론과 쾌락주의적 인성론, 공리주의적 윤리관으로 무장한 시기이다. 이때 그의 사상은 벤담의 자유방임주의로 일관되었다. 제2기는 독일의 이상주의 사상에 접촉함으로써 사회주의 쪽으로 기울었던 시기이다. 제3기는 다시 벤담주의로 돌아가는 시기이다. 이때에는 자유에 대한 동경이 힘차게 되살아나 간섭주의에 강력하게 맞서게 된다. 그리고 이때 나온 작품이 바로《자유론》이다.

밀의 자서전에 따르면,《자유론》은 1854년 하나의 논설에서 시작되었다. 1855년 1월, 그는 로마의 카피톨 계단을 오르면서 그 논설을 한 권으로 고쳐 쓰리라 맘먹는다. 그리고 두 번이나 고쳐 써서 밀쳐두었다가 가끔 꺼내어 수정하고, 나중에는 전부를 다시 고쳐 쓴다. 또 그는 이 책을 아내에게 바쳤는데, 그녀가 집필에 많은 도움을 주었을 뿐 아니라 남프랑스 여행 중에 세상을 떠났기 때문이다.

《자유론》의 주요 내용

반대자의 주장을 탄압하지 말라

《자유론》은 밀이 아내와 함께 내용에서부터 표현에 이르기까지 토의를 거듭하면서 짧은 에세이로 써내려간, 자유주의에 관한 고전 명저이다. 1859년에 출간된 이 책은 모두 5개의 장으로 구성되어 있다.

서론에서 밀은 책 내용에 대해 개괄적인 설명을 하고 있다. 이제까지는 정치 지배자들의 권력행사에 제한을 가하기만 하면 국민의 자유가 보장될 것이라고 생각하였다. 그러나 이러한 낙관적인 생각은 실현되지 못했으며, 새로이 '다수결의 횡포'가 나타나기 시작했다. 그리고 그러한 압제에는 정부기관뿐만 아니라 여론의 압력도 있었다. 민주주의에서 경계해야 할 것은 교육을 많이 받지 못한 다수자가 수적 우세를 이용하여 소수자의 의견을 억압하는 일이다. 따라서 우리에게 필요한 것은 첫째는 사상의 자유, 둘째는 생활계획을 세울 수 있는 자유와 취미의 자유와 일할 수 있는 자유, 셋째는 개인과 개인의 단결의 자유이다.

제1장에서 밀은 자유의 문제가 의지의 자유가 아니라 시민적 혹은 사회적 자유임을 밝히고 있다. 자본주의 사회의 발전과 더불어 지금은 다수자와 개인의 대립이 문제가 된다고 보고, '과연 개인의 행복과 다수자의 행복을 어떻게 조화시킬 것인가' 하는 것이 밀의 당면과제가 되었던 것이다.

밀은 인간의 자유 가운데 개개인에게만 관계되는 부분을 다음과 같이 밝히고 있다. 첫째, 사상과 양심의 자유, 둘째, 취미·탐구의 자유, 셋째, 단결의 자유 등이다. 그리고 이것이 존중되지 않는 사회는 어떤 정치형태라도 자유가 없는 사회라고 규정했다.

《자유론》의 핵심 부분이라 할 수 있는 제2장에서 밀은 '사상과 토론의 자유'가 반드시 필요하다고 역설한다. 첫째, 박해를 받는 사상이 정당하고, 현재의 지배적 사상이 잘못된 경우에는 현재의 지배적인 사상이 앞으로도 영원히 지배할 것이라는 보장이 없다. 따라서 정당한 사상을 부당한 힘으로 억압해서는 안 된다. 반대자의 주장을 무자비하게 탄압한다면 미래에 더 좋은 사상이 나오기를 기대

할 수 없다. 둘째, 박해를 받는 사상이 잘못된 경우라도 탄압을 가해서는 안 된다. 정당시되었던 사상이 오랜 시간이 지난 어느 시기에 '죽어버린 독단'이 되는 경우가 얼마든지 있기 때문이다. 그리고 이처럼 생기를 잃어버린 하나의 사상에 새로운 힘을 불어넣기 위해서는 반대편과의 토론이 반드시 필요한데, 그에 대비하기 위해서라도 반대편의 주장을 억압해서는 안 된다.

개인의 자유와 사회의 간섭

제3장에서 밀은 '개인의 자발성은 인간 행복의 중요한 요소로서 충분히 내재적 가치를 지니고 있다'고 주장한다. 그럼에도 불구하고 그것이 습관이나 전통에 의해 억압된다면 개인의 발전이나 사회의 진보가 멈추고 말 것이라고 경고했다.

제4장에서 밀은 인간의 행위를 두 부류로 나누고 있다. 하나는 개인이 이해利害관계를 갖는 경우이고, 또 하나는 사회가 이해관계를 갖는 경우이다. 전자의 행위는 자유로워야 하되, 후자의 행위에 대해서는 사회(국가)가 간섭할 수 있다고 말한다. 즉 다수자의 의지가 소수자의 이익 혹은 행복을 억압하는 경우를 '다른 사람에게 관계되었을 때'로 한정하고 있는 것이다. 무엇보다 여론이라는 형태로 나타나는 다수자의 전제專制(다른 사람의 의사는 존중하지 않고 제 생각대로만 일을 결정함)는 배제되어야 한다고 주장했다.

제5장에서는 지금까지 말한 자유의 한계에 대한 원리를 실제 사례와 연결시켜 설명하고 있다. 상행위, 자유무역론, 독약매매, 술주정꾼의 취체取締(규칙, 법령, 명령 따위를 지키도록 통제함), 매음과 도박의 유혹 등을 예로 들어 자유의 한계를 논하고 있다. 이 부분에서 밀이

강조하려는 것 역시 다른 사람의 이해에 관계되지 않는 한 그 자유가 보장되어야 한다는 점이다. 대신 다른 사람의 이익을 해치는 경우에는 사회에 대한 책임을 당연히 져야 하며, 사회는 다른 사람의 이익을 옹호하기 위해서라도 사회적, 법률적 형벌을 가해야 한다는 점이다.

밀은 '각 개인은 자신의 육체와 정신의 건강을 지키고 자기 자신을 책임져야 하는, 절대적으로 독립된 주체'라고 주장한다. 그러므로 예를 들어 양심의 자유, 사상과 감정의 자유, 다른 사람에게 해악을 끼치지 않는 한 기호嗜好를 즐기고 삶의 목적을 추구할 자유, 서로 단결할 수 있는 결사의 자유 등이 존중되지 않는 사회는 어떤 통치 형태이든 자유롭지 못하다고 본다.

과연 자유란 무엇인가? 그것은 다른 사람의 행복을 빼앗거나 행복을 얻으려는 다른 사람의 노력을 방해하지 않는 한, 자신의 방법으로 스스로 행복을 추구할 수 있는 것이다. 인류는 '다른 사람들에게 좋다고 여겨지는 방식'으로 살도록 스스로를 강제하기보다 '자신에게 좋다고 여겨지는 방식'으로 살도록 스스로를 허용함으로써 더 많은 것을 얻을 수 있다. 또한, 한 사람의 권력자가 인류 전체를 침묵하게 하는 것이 정당화될 수 없듯이, 인류 전체가 어떤 한 사람을 침묵하게 만드는 것 역시 정당화될 수 없다. 어떤 의견이 표현되는 것을 막는 행위는 한 사람뿐만 아니라 인류 전체의 기본권을 강탈하는 일이다. 왜 그럴까? 그 의견이 옳은 것이라면 인류는 오류를 바로잡을 기회를 빼앗기는 꼴이 되고, 그 의견이 잘못된 것이라면 (진리가 오류와 충돌함으로써 산출될) 진리에 대해 보다 명백하게 인식할 수 있는 기회를 잃어버리는 것이기 때문이다.

토론과 의사표현은 왜 필요할까?

토론은 왜 필요할까?

첫째, 인간은 토론을 통해 자신의 실수를 바로잡을 수 있기 때문이다. 토론과정을 거친 판단은 보다 확실하게 믿을 수 있고, 결국에는 그렇지 않은 판단보다 더 올바르다고 여겨질 것이다.

둘째, 진리라는 것은 다만 그것을 갖고 있을 뿐인 사람의 '참된 의견들'보다, 스스로 연구하는 사람의 '오류'에 의해 더 많이 얻어질 수 있기 때문이다. 어떤 의견이 충분히 논의되지 않는다면, 그것은 살아있는 진리가 아니라 죽어버린 독단일 뿐이다. 더욱이 상대방의 논거를 논박할 수 없는 것이라면, 그것은 권위에 의해 따르는 것이거나 자신이 좋아하는 의견을 선택한 것일 뿐이다.

셋째, 토론이 없으면 판에 박힌 암기된 문구나 형식이라고 하는 두꺼운 껍질을 뒤집어쓴 채, 화석처럼 굳어가는 잔해만 남게 될 것이기 때문이다. 한쪽의 의견에만 주의를 기울이면 오류는 편견으로 굳어지고, 진리의 효과는 그만큼 상실하게 될 것이다.

그렇다면 의사표현의 자유는 왜 필요할까?

첫째, 침묵을 강요받는 어떤 의견이 진리일지도 모르기 때문이다.

둘째, 보통 사람들에게 받아들여지는 의견이 반드시 전체적 진리라고 할 수 없으므로, 진리의 나머지는 오직 반대 의견들과의 충돌에 의해 얻어질 수 있기 때문이다.

셋째, 보편적으로 받아들여진 의견이 진리이고, 또 전체적 진리라 할지라도 그것이 활발하게 논쟁되지 않는다면, 사람들은 그 합리적 근거를 파악하지 못한 채 어떤 편견의 형태로 그것을 지지할 것이기 때문이다.

넷째, 자유로운 토론이 없다면 교리 자체의 생생한 의미는 상실되거나 약화되어 단순한 형식적 선언에 그치고 말 것이며, 실질적이고 감동적인 확신은 생겨나지 않을 것이기 때문이다.

《자유론》의 가치와 의의

개발독재를 미화했다?

밀이 생존했던 19세기는 개인의 자유와 사회의 권력 사이에 올바른 관계를 모색하는 일이 시급했고, 그럼으로써 새로운 삶을 창조할 수 있다고 믿었던 시기이다. 이러한 때에 밀은 다른 사람의 권리를 침해하지 않는 한, 스스로의 독자적 개성을 발전시킬 자유가 필수적이라고 주장하였다.

물론 밀은 이러한 자유가 미성년자나 후진 사회에는 적용될 수 없다고 보았다. 또한, 야만인을 다스리는 경우 이들을 진보시키려는 목적만 뚜렷하다면 독재도 정당화될 수 있다고 주장했다. 이러한 점 때문에 그가 '개발독재'를 미화했다는 주장도 제기된다.

사상과 토론의 진정한 자유를 역설하다

1858년 겨울, 밀 부부는 프랑스의 아비뇽으로 피한避寒여행을 떠났다. 이곳에서 아내 헬리어트는 감기에 걸려 갑자기 죽고 만다. 밀은 아내의 유해를 그곳에 묻고 묘지 가까운 곳에 집을 사서 머물렀다. 이때 그를 돌봐준 사람이 아내의 큰딸인 헬렌 테일러였다. 어머니와 밀의 진실한 사랑에 감동한 그녀는 자진하여 밀의 비서 역할을 담당했다.

1860년, 밀은 웨스트민스터* 선거구의 유지들이 권유하는 바람에 선거에 입후보하였다. 그는 입후보 승낙에 몇 가지 조건을 걸었는데, 예컨대 선거운동에 돈을 쓰지 않는다, 아예 선거운동을 하지도 않는다는 내용이었다. 말도 안 되는 조건이었음에도 불구하고 밀은 당당히 승리를 거머쥐었다. 의회에 들어간 밀은 사회정의와 평화를 위해 많은 일을 하였다. 그러나 3년 후의 총선거에서는 낙선하여 정계를 은퇴해야 했다.

아비뇽에서 《곤충기》의 저자 파브르*와 함께 소풍을 나갔다가 병을 얻은 밀은 다시 일어나지 못했다. 그는 간호를 하던 헬렌에게 "나는 내 일을 다 끝마쳤다!"라는 말을 남기고 눈을 감았다. 그의 유해는 아비뇽에 있는 아내의 묘 옆에 나란히 묻혔다.

사상과 토론의 진정한 자유를 역설한 밀의 사상은 합리적 대화와 비판적 토론으로 문제를 찾고 해결하는 문화의 중요성을 보여준다. 이것은 아집, 편견, 집단 이기주의에 빠져 상대방을 꺾는 것만이 유일한 목적인 것처럼 떠드는 저급한 논쟁과, 다수의 횡포로 소수의 기본적 권리조차 무시해버리는 경우에는 반드시 참고할 만하다.

웨스트민스터
런던의 중심지역. 버킹엄 궁전과 웨스트민스터사원(영국 왕의 대관식이 치러지는 곳. 왕이나 여왕의 무덤이 안치되어 있으며, 셰익스피어, 워즈워스, 헨델 등 예술가들의 기념비를 볼 수 있음)이 있다.

파브르
프랑스의 곤충학자, 박물학자. 레옹 뒤푸르의 사냥벌에 관한 논문을 읽고 본격적으로 연구를 시작하여 불후의 명저 《곤충기》 10권을 출간했다. 곤충의 생활사, 본능, 습성에 관한 그의 관찰방법과 태도는 그 후의 생물학에 커다란 영향을 끼쳤다.

12. 근대 서양 사상가 갑, 을의 관점에서 〈문제 상황〉 속의 B에게 해줄 수 있는 가장 적절한 조언을 〈보기〉에서 고른 것은?

> 갑 : 한 행위가 지니는 좋은 성향의 정도와 나쁜 성향의 정도를 모두 더
> 했을 때 쾌락의 양이 크면 클수록 그 행위의 도덕적 가치는 크다.
> 을 : 어떤 종류의 쾌락이 다른 종류의 쾌락보다 더 가치 있다는 것은 유
> 용성의 원리와 조금도 어긋나지 않는다. 쾌락의 양만을 고려하는
> 것은 불합리하다.
>
> 〈문제 상황〉
>
> 소생 가능성이 없는 뇌사 상태의 환자 A가 편안히 죽음을 맞이하도록
> 인공호흡기를 떼어 달라고 그의 가족이 요구하고 있다. 의사 B는 이 요
> 구에 대해 어떻게 해야 할지 고민하고 있다.

〈보기〉

> ㄱ. 환자 가족의 행복의 질을 높이는 선택을 해야 합니다.
> ㄴ. 결과가 무엇이든 생명을 존중하는 결정을 해야 합니다.
> ㄷ. 사회적 비난이 있더라도 생명 유지 의무를 다해야 합니다.
> ㄹ. 환자 가족의 고통의 양을 최소화하는 결정을 해야 합니다.

	갑	을		갑	을
①	ㄱ	ㄴ	②	ㄱ	ㄹ
③	ㄴ	ㄷ	④	ㄷ	ㄴ
⑤	ㄹ	ㄱ			

⑤ 目정

쇼펜하우어의
《의지와 표상으로서의 세계》

이성은 의지의 보조자에 불과하다

Schopenhauer

쇼펜하우어,
염세적이고 냉소적인 철학자

　헤겔과 동시대를 살았던 쇼펜하우어는 독일 단치히에서 부유한 상인의 장남으로 태어났다. 그의 아버지는 고지식한 추남이었던 반면, 어머니는 미모의 작가였다. 아버지는 하나뿐인 아들을 훌륭한 상인으로 키우고 싶어했지만, 쇼펜하우어는 학자가 되고 싶은 열망이 컸다. 이에 아들의 마음을 돌리기 위해 하나의 책략을 썼다. "네가 가족과 함께 유럽여행을 떠나고 싶다면 상인이 되겠다는 다짐을 보여야 한다"는 조건을 내건 것이다. 유혹을 뿌리치지 못한 쇼펜하우어는 결국 아버지의 뜻에 따르겠다는 약속을 한다.

　2년 동안의 유럽여행을 마치고 돌아온 쇼펜하우어는 함부르크의 유명한 상인 밑에서 견습생 생활을 시작했다. 그러나 어느 날 자신이 잘못된 인생 항로를 따라가고 있다는 사실을 깨닫고 절망감에 사로잡힌다. 그러던 중 열일곱 살이 되던 해, 갑자기 아버지의 죽음을 맞게 된다. 애초부터 돈을 바라보고 스무 살 연상의 남자와 결혼했던 어머니는 막대한 유산을 챙겨 바이마르로 떠난 후, 방탕한 생활에 빠져들었다. 이러한 어머니와 한바탕 크게 싸운 쇼펜하우어는 독립해 혼자 살기로 한다. 그 후 스물한 살이 되었을 때 어머니를 상대로 소송을 건 쇼펜하우어는 유산의 삼분의 일을 받아냈으며, 그 돈으로 평생을 풍족하게 살았다.

권총에 탄환을 넣고 자다

쇼펜하우어는 자신을 시기하는 동료들이 자신에게 나쁜 짓을 저지를 것이라 생각하여 항상 의심의 눈으로 주위를 살폈다. 자신의 목을 벨지 모른다는 불안감 때문에 이발사에게 면도를 시키지 않았으며, 불이 날까 봐 이층에서 자지도 않았다. 또 잠잘 때에는 권총에 탄환을 넣어 침대 옆에 두고 잤다. 누군가 가까이 다가가기만 해도 그는 폭력을 휘둘렀다.

언젠가는 바느질하는 어떤 여자가 수다를 떨어 자신을 방해했다고 그녀를 바닥에 내동댕이친 적도 있었다. 그 일로 그녀는 일생을 불구로 지냈으며, 쇼펜하우어 역시 평생 보상의 의무를 지게 되어 두고두고 자책감과 경제적인 부담으로 괴로워했다.

또한, 집 안 곳곳에 값나가는 물건을 숨겨두었다. 금화는 잉크병 속에 넣어 두고, 지폐는 침대 밑에 숨겼다. 출판업자들이 자신의 책을 판매하는 데 최선을 다하지 않는다고 비난하며 다투는 일도 많았다.

《의지와 표상으로서의 세계》의 역사적 배경

헤겔의 학설을 정신병자의 수다로 여기다

쇼펜하우어는 1819년, 《의지와 표상으로서의 세계》를 출간했다. 그러나 이 책은 사람들의 관심을 전혀 끌지 못했다. 초판 이후 16년이 지난 후에는 출판업자도 그 판본의 대부분을 폐지로 팔아버릴 결심을 할 정도였다. 그 가운데서도 이 책이 살아남을 수 있었던 것은 철학의 역사에서 하나의 행운이라 해야 할 것이다. 이러한 참패의 원인 가운데 하나는 당시 최전성기를 구가하고 있던 낙관주의적 헤겔철학의 영향이라 생각된다.

쇼펜하우어와 헤겔의 악연惡緣은 철학사에 있어서 그 유례가 없을 정도이다. 쇼펜하우어는 헤겔의 학설을 '정신병자의 수다'로 깎아내렸고, 그를 '사기꾼', '정신이 썩어빠진 추악한 남자'로 매도했다.

쇼펜하우어가 헤겔에 대해 이토록 사무친 원한을 품게 된 원인은 무엇일까? 그것은 대학의 강사를 채용하는 시험의 심사위원장이었던 헤겔이 쇼펜하우어를 떨어뜨린 데 있었다. 물론 이런 처사는 헤겔 개인의 감정적인 차원에서 나온 것은 아니었다. 그러나 낙방의 원인이 헤겔에 있다고 생각한 쇼펜하우어는 그의 권위에 도전하기로 맘먹는다. 이에 따라 헤겔의 강의시간과 똑같은 시간대에 자신의 강의를 개설했는데, 청강생이 헤겔에게 몰리는 바람에 한 학기만에 대학 강의를 포기해야 했다. 이후 대학 교수직 자체에 대한 도전을 깨끗이 포기하고 유럽여행을 떠나버린다.

낙관주의 철학이 종언을 맞다

그런데 승리의 여신이 엉뚱한 데서 미소를 짓기 시작했다. 1831년, 독일 북동쪽 끝자락에 있는 도시 베를린에 콜레라가 크게 만연하자 쇼펜하우어는 이를 피해 멀리 남부지역인 프랑크푸르트까지 몸을 피한다. 그곳에서 두 개의 방을 빌린 그는 아내도, 자식도, 친구도, 직장도, 조국도 없이, 오직 조그마한 삽살개 한 마리와 고독한 시간을 보내고 있었다.

이때 전혀 예상치 못했던 헤겔의 부음訃音(죽음의 소식)이 전해졌다. 그와 천적天敵 관계였던 헤겔 역시 콜레라를 피해 달아나긴 했으나 너무 일찍 베를린으로 돌아가는 바람에 콜레라에 감염되어 죽고 말았던 것이다.

프러시아의 국가 철학자이자 세계 철학계의 거두 헤겔이 세상을 떠나고 1848년의 시민혁명마저 실패로 돌아가자, 낙관주의 철학은 종언을 고하기 시작했다. 동시에 염세주의적인 쇼펜하우어의 철학이 각광을 받기 시작했다. 마침내 성공과 더불어 명성이 찾아들자, 그는 어깨를 으쓱하며 의기양양해했다.

"수많은 철학교수들이 똘똘 뭉쳐 그토록 오랜 세월에 걸쳐 저항했음에도 불구하고, 드디어 나는 해내고야 말았다!"

그러나 그렇게도 소원했던 명성이 그를 감싸기 시작했을 때, 그는 이미 죽음의 문턱을 넘고 있었다. 그는 예기치 않은 심장마비로 세상을 떠났고, 모든 재산은 유언에 따라 자선단체에 기증되었다.

《의지와 표상으로서의 세계》의 주요 내용

세계는 나의 표상이다

이 책은 모두 네 권으로 되어 있다. 1권에서는 표상으로서의 세계에 대한 제1고찰이 이루어지는데, 충족이유율®을 통해 표상의 세계, 경험과학의 대상을 고찰하고 있다. 2권에서는 의지로서의 세계에 대한 제1고찰을 다루고 있는데, 의지가 구체적으로 표상의 세계에 드러나는 방식, 즉 의지의 객관화에 대해서 중점적으로 언급하고 있다. 3권에서는 표상의 세계에 대한 제2고찰을 전개하는데, 충족이유율에 근거하지 않는 표상들, 플라톤의 이데아와 예술의 대상에 대해 언급하고 있다. 4권에서는 의지로서의 세계에 대한 제2고찰을 전개하고 있는데, 쇼펜하우어는 여기에서 의지의 참된 본질에 도달했을 때, 즉 자기인식에 도달할 때에 삶에 대한 의지를 긍정하는 것과 부정하는 것의 의미에 대해 다루고 있다. 그리고 마지막 부록에서는 칸트철학에 대한 분석과 비판을 상세하게 전개하고 있다.

쇼펜하우어는 이 책의 첫 구절을 "세계는 나의 표상이다"라는 말로 시작한다. 이 말은 칸트의 가르침을 그대로 옮겨놓은 것처럼 느껴진다. 칸트에 따르면, 우리는 사물이 우리에게 나타내는 그 현상만 인식할 수 있을 뿐 사물 자체는 알 수 없다. 이러한 주장은 '우리 앞에 놓여 있는 존재란 참된 이데아의 그림자에 불과하다'는 플라톤의 견해와 '우리가 볼 수 있는 세계는 마야, 즉 환영幻影에 불과하다'는 인도 베다®의 내용과도 비슷하다.

쇼펜하우어에 따르면, 이러한 표상의 세계를 지배하는 것은 충족

충족이유율
'우리는 왜 이렇게 되고 다르게 되지 않았는가라는 충분한 이유가 없다면, 어떠한 사실도 참일 수 없고 존재할 수도 없고, 나아가 어떠한 명제도 진리일 수 없다'고 하는 원리. 아리스토텔레스가 논리학의 기본으로 제시한 동일률, 모순율, 배중률 외에 쇼펜하우어가 하나 더 추가한 것인데, 사고법칙의 하나로 그치는 것이 아니고 사실의 실재적 이유까지 문제를 삼는다. 쇼펜하우어는 이 원리를 다시 생성의 충족이유율, 존재의 충족이유율, 인식의 충족이유율, 행위의 충족이유율 등으로 구분했다.

베다
'안다'라는 고대 산스크리트어 비드(vid-)에서 파생한 말. 고대 인도의 종교·사상과 관련된 노래, 시, 기도문, 공물제의 방식, 주문 등 성경의 6배에 달하는 방대한 고대 인도의 종교지식과 제례규정을 담고 있는 문헌이다. 브라만교의 성전을 총칭하는 말로도 쓰인다.

이유율인데, 예컨대 우리가 지금 이 책 한 권을 읽기 위해서는 우선 그 책을 손에 넣어야 하고(사든지 빌리든지), 그 책을 읽을 수 있는 시간과 공간이 주어져야 하며, 그것을 눈앞에 펼쳐야 하는 손동작, 눈을 부릅뜨고 그것을 읽어내고자 하는 우리의 의지가 있어야 한다. 적어도 이 네 가지가 충족되어야 독서가 가능하다. 그런데 이를 바꾸어 말하면, 그 네 가지가 충족된 경우에는 독서를 하지 않을 수 없다는 말이 된다.

어떻든 충족이유율에 의해 지배되는 표상의 세계는 인간뿐만 아니라 동물들에게서도 발견되는 세계의 존재방식이다. 이러한 세계는 시간과 공간, 인과율에 의해 제약된 모든 세계를 의미한다. 인간은 (이론적) 지성을 통해서 이 세계를 표상으로서 이해하게 된다.

의지로서의 세계

그러나 문제는 이러한 표상의 세계 뒤편에 숨어 있는 또 다른 세계, 즉 '의지의 세계'가 따로 있다는 사실을 놓칠 수 있다는 점이다. 이러한 통찰은 과거의 철학자들로부터 전적으로 신뢰를 받았던 이성이 더 이상 쇼펜하우어에게는 적극적인 역할을 하지 못했음을 의미한다. 쇼펜하우어에게 이성은 아주 제한적으로, 심지어는 부정적으로 이해되고 있는 것이다.

표상의 세계 저 너머에는 '의지로서의 세계'가 있다. 지성, 이성, 지식에 의해 파악되지 않는 세계, 의지의 세계야말로 본래적인 의미의 세계에 해당한다. 사실 우리 자신을 돌아보았을 때 항상 책을 보고, 강의를 듣고, 혼자서 고상한 사색에만 잠기는 것은 아니다. 하루 24시간을 살펴보면 온전히 머리만 쓰는 시간보다 잠자고, 먹고, 마시고, 화장실 가고, 쉬고, 놀고, 이동하고, 잡담하고, 멍하니 앉아 있는 시간이 훨씬 더 많다. 몇 번을 미루다가 어쩔 수 없이 앉는 곳이 책상 앞이고, 버티고 버티다가 할 수 없이 하는 게 공부 아니던가.

쇼펜하우어가 말하고자 하는 부분이 바로 이것이다. 우리 인생 전체를 통틀어 보건대, 우리 인간은 세계를 '인식'만 하는 것이 아니고 '체험'하기도 한다. 아니, 체험 부분이 훨씬 더 많다. 따지고 보면 인식을 하는 목적 역시 살기(체험하기) 위해서다. 우리는 표상 이외에 (체험을 위한) 의지를 가지고 있으며, 이것으로써 세계와 만나고 있다. 인생에서 중요한 것은 인식이 아니라 체험(삶) 그 자체이다.

여기에서 쇼펜하우어는 좁은 뜻의 의지만 말하고 있지 않다. 모든 소망, 욕구, 동경, 희망, 사랑, 미움, 반항, 도피, 괴로움, 인식, 사고, 표상 등 우리의 삶 전체가 체험이요, 의지이다. 우리의 판단은 논리적 사유행위에 의해서가 아니라 의식되지 않은 심층부에서 순간적인 착상이나 결단의 형식으로 나타난다. 누구나 경험하듯이, 면접관들 중 대다수는 면접대상의 첫인상에 유혹되기 쉽다. 그래서 성공적인 면접을 위해 단정한 옷차림과 호감을 주는 헤어스타일, 엷은 미소, 심지어 성형수술까지 권유하는 것이 아니겠는가. 사실 인간관계를 결정하는 것 역시 객관적인 데이터나 합리적인 판단이 아니다. 상대방에 대한 자신만의 느낌, 감정, 평소의 이미지가 그것을 결정한다. 미처 자신도 깨닫지 못하는 어떤 의지가 발동하여 상대를 선택하게 만드는 것이고, 그 다음에 그럴듯한 명분을 만들어내는 것이다.

인간의 행동은 무의식적 의지의 작용

우리의 신체적 행동 역시 의지의 작용에 불과하다. 우리의 몸은 시간과 공간 속에 드러난 의지일 뿐이다. 가령 걸어가려는 우리의 의지는 발로, 붙들려는 의지는 손으로, 소화를 시키려는 의지는 위장으로, 생각하려는 의지는 뇌로 나타난다. 나아가 이 의지는 모든 자연 현상의 밑바탕에 깔려 있으며, 중력으로부터 인간의 자기의식에 이르기까지 세계의 가장 내면적인 본질을 이루고 있다. 자연의 힘, 중력, 구심력과 원심력, 극성極性, 자기磁氣, 화학적인 친화성, 식물들의 성장, 식물들이 빛을 향해 뻗어나가는 것, 생물들이 자기를 보존하려는 충동과 본성 등 이 모든 것들은 다 의지의 작용이라는 말이다.

이 의지란 녀석은 앞을 볼 수는 있으나 몸이 불구인 사람을 어깨에 짊어지고 가는, 힘센 맹인盲人(장님)과 같다. 그러므로 힘의 주체는 의지이고, 이성은 그저 그 의지에게 방향만 일러주는 눈에 불과하다. 인간 행동의 실질적인 추진력은 의지이다. 인간은 앞에서 끄는 힘(이성, 지성)에 의해서가 아니라 뒤에서 미는 힘(의지)에 떠밀려 앞으로 나아간다.

인간은 무의식적인 삶의 의지로부터 끊임없이 충동을 받는다. 기억이나 성격도 의지에 의해 결정되며, 종교마저도 우리의 의지에 대하여 내세적 삶을 약속하는 것일 뿐이다. 더욱이 무의식적 의지는 휴식 없이도 그 왕성한 활동을 계속한다. 그것은 마치 심장이나 호흡운동처럼 지칠 줄 모른다. 왜냐하면 무의식적으로 자신도 모르게 행해지는 것은 피곤함을 주지 않기 때문이다.

《의지와 표상으로서의 세계》의 가치와 의의

헤겔철학에 대한 반동

비합리주의적 철학은 헤겔의 이성주의에 반대하고 의지와 무의식, 삶을 강조한다.◦《의지와 표상으로서의 세계》역시 거대한 철학의 흐름 속에서 헤겔철학에 대한 비판과 반동으로 나타났다고 말할 수 있다. 다만 유럽 사상의 전통에서 보았을 때, 쇼펜하우어는 아주 새로운 케이스에 해당한다. 무엇보다 그의 인품 자체가 매우 특이했고, 그 당시의 유럽인들에게는 낯선 인도철학에 심취해 있었다. 그렇다고 그의 철학이 서양의 전통철학과 아주 다르게, 돌출적으로 생겨났다는 의미는 아니다. 예를 들어 '표상으로서의 세계'는 칸트에게서, '의지로서의 세계'는 셸링의 낭만주의에서 영향을 받았다고 볼 수 있다. 그 외의 염세주의적 사상은 고대 인도철학에서 받아들여졌으며, 영국의 경험론과 플라톤주의로부터도 적잖은 영향을 받은 것으로 보인다.

인생이 고통스러운 것은 무한한 의지 때문이다

쇼펜하우어가 얼마나 독창적인 사상가인지는 사랑에 대한 언급에서도 알 수 있다. 그는 생물계에서 가장 강렬한 의지의 표현으로 생식본능을 들었고, 인간은 뇌보다 생식기로부터 더 강한 충동을 받는다고 주장했다. 사랑이란 종족보존이라고 하는 자연의 유일한 목적을 달성하기 위한 하나의 속임수라고도 말했다.

그는 우리 인생이 비관적일 수밖에 없는 이유로 무한한 의지를 들었다. 우리의 의지는 무한한 데 비해 그것을 충족시키는 데는 많

비합리주의적 경향
쇼펜하우어는 '인간이나 세계가 맹목적 의지의 충동을 받고 있다'고 주장했고, 니체는 '이 세계는 권력에의 의지 외에 아무것도 아니다'고 하였다. 프로이트는 '우리가 통제할 수 없는 무의식이 우리의 행동과 정서를 규정한다'고 말했으며, 키에르케고르는 '헤겔이 말하는 대립의 해소란 관념의 세계에서나 가능할 뿐, 구체적인 삶 속에서는 오직 이것이냐 저것이냐 하는 냉혹한 결단만이 요구된다'고 주장했다.

은 제약이 따르기 때문에 인생은 비극적일 수밖에 없다는 것이다. 여기에서 그는 인식이 해결책이 될 수 없다고 말한다. 인식이 뚜렷할수록 고통도 커지기 때문이다. 자살도 마찬가지다. 그것은 의지의 개체적 현상을 소멸시킬 수는 있을지언정, 의지 자체를 없애지는 못하기 때문이다.

그가 제시한 해결책은 두 가지인데, 하나는 잠정적인 해결책으로서의 심미적 해탈이고 다른 하나는 영속적인 해결책으로서의 윤리적 해탈이다. 특히 두 번째 방법의 의미는 우리의 모든 고통이 끊임없는 의지의 발동에 의한 것이라면, 아예 의지 자체를 억제하거나 없앰으로써 영속적인 해탈에 다다르게 될 것이라는 말이다. '더 이상 소망할 것이 없는 열반*의 경지에서 우리들 자신으로서 죽을 것! 세상 것들을 멀리하고 십자가를 질 것!' 이것이 바로 쇼펜하우어의 윤리학이 우리에게 명령하는 것이다.

열반涅槃
'불어 끈 상태'를 의미한다. 3독심三毒心(탐욕, 성냄, 어리석음)을 제거하여 번뇌의 숲에서 벗어난 상태를 말한다. 온갖 고통과 번뇌를 초탈하여 마음의 평화를 누리는 상태를 의미하는데, 부처의 죽음과 관련하여 '죽음'을 뜻하기도 한다.

수능기출문제

14. 다음 서양 사상가의 주장으로 옳은 것은? [3점]

> 의지란 걷지 못하는 사람을 짊어지고 뛰어가는 힘센 맹인과 같다. 그는
> 목적지도 없이 어디로 가는지도 모른 채 그저 힘껏 달려 나갈 뿐이다.
> 이렇듯 의지는 인간 행동의 실질적인 추진력이다.

① 실증적 분석을 통해 의지의 참된 본질을 탐구해야 한다.
② 살려는 의지가 자신을 괴롭히는 원인임을 깨달아야 한다.
③ 무조건적 충동을 억제하기 위해 선한 의지를 따라야 한다.
④ 이성과 의지의 조화가 윤리적 삶의 근원임을 자각해야 한다.
⑤ 옳은 행동이 몸에 배일 수 있도록 실천 의지를 강화해야 한다.

답 ②

4. (가) 그림 속의 질문에 대답하는 서양 사상가의 관점에서 퍼즐 (나)의 세로 낱말 (B)를 설명할 때 옳은 것은?

(가)	인생을 어떻게 살아야 합니까? — 삶의 의미를 파악하기 위해서는 직관과 체험이 중요하다네. 그리고 삶의 고통을 피하려면 고통의 원인을 부정하는 금욕적 생활을 해야 하네.
(나)	[표: (A) (B) / (C)] [가로 열쇠] (A) : 맹자가 호연지기를 기르기 위해 제시한 방법으로 '의를 모은다.'라는 의미 (C) : 플라톤의 4주덕 중 정의, 절제, 용기 외의 다른 덕 [세로 열쇠] (B) : .... 개념

① 현실에는 존재하지 않는 이상적인 것이다.
② 도덕적 가치를 부여하며 그 자체로 선한 것이다.
③ 진리에 이르기 위해 모든 것을 의심하는 것이다.
④ 끝없는 욕망을 갖게 하며 본래 맹목적인 것이다.
⑤ 신의 사랑에 의해서 실현 가능한 종교적인 것이다.

10. (가), (나) 사상에 대한 설명으로 옳은 것은? [3점]

> (가) 목적 없는 의지로 인해 생긴 욕구가 모두 충족되는 것은 아니므로 인간은 항상 고통을 겪는다. 신은 이 고통의 세계에 아무런 동정과 책임도 느끼지 않는다.
>
> (나) 만일 신을 객관적으로 파악할 수 있다면 나는 믿지 않을 것이다. 나의 관심은 단순한 앎과 이론이 아니라 단독자인 내가 어떻게 신과 관계를 맺을 수 있는가에 있다.

① (가)는 신 앞에서의 주체적 결단을 통한 실존의 자각을 강조한다.

② (나)는 보편적이고 객관적으로 파악되는 진리를 추구한다.

③ (가)는 인간의 욕구 충족을, (나)는 불안 극복을 추구한다.

④ (가)는 의지의 실현을 통해, (나)는 의지의 부정을 통해 삶의 원리를 탐색한다.

⑤ (가), (나)는 추상적 사유에서 벗어나 주관적 체험을 강조한다.

⑨ 답

니체의
《차라투스트라는 이렇게 말했다》

모든 사람을 위한,
그러면서도 그 누구를 위한 것도 아닌 책

Nietzsche

니체,
'망치를 든 철학자'

실존철학의 선구자인 니체는 독일 작센주 뢰켄에서 목사의 아들로 태어났다. 다섯 살에 아버지를 여읜 그는 여자들만 있는 외갓집에서 성장했고, 그 탓인지 여성적이고 섬세한 성격을 갖게 되었다. 어렸을 때에 성경구절을 기가 막히게 외워 '꼬마목사'라는 별명을 얻었고, 여덟 살에는 작곡을 하는 등 음악에 남다른 재주를 보였으며, 열네 살에는 자서전을 쓸 준비를 했다. 명문 고등학교에 들어가서도 특출난 학생으로 손꼽혔다.

그러나 니체는 학교의 딱딱한 분위기와 낡은 도덕을 비웃으며 반항 기질을 보이기 시작했다. 한번은 그가 학생들을 감독하고 보고서를 작성해야 했는데, 다소 장난기 섞인 익살스러운 내용으로 채웠다. 학교에서는 그를 종교재판에 회부하였고, 벌칙으로 세 시간의 감금과 몇 차례의 외출금지를 선고했다. 대학 시절에는 술과 담배, 여자에 깊이 빠져들기도 했다. 이때의 방탕한 생활로 매독에 걸렸는데, 말년의 정신마비 증세가 그 후유증이라는 설이 있다.

쇼펜하우어의 책에서 철학을 만나다

니체는 여성에 대해 비정상적일 정도로 수줍음을 탔다. 한번은 여배우에게 푹 빠져 그녀를 위해 작사, 작곡한 노래를 보낸 적이 있었는데, 끝내 답장이 오지 않았다. 또, 음악가 바그너*의 부인 코시마를 연모하여 나중에 그녀를 작품의 등장인물로 형상화하기도 했다.

그는 서른여덟 살 때 드디어 사랑에 빠진다. 스물한 살의 매력적인 여성 루 살로메*에게 완전히 사로잡히는데, 그녀를 유일한 제자라고 생각한 니체는 자신의 비밀스런 이야기까지 다 털어놓게 된다. 그리고 마침내 한 친구를 전령으로 보냈다. 그런데 역시 살로메에게 반해버린 이 친구가 그녀에게 청혼을 하고 만다. 이때를 가리켜 니체는 '내 생애 최악의 겨울이었다'라고 회고했으며, 이 사건을 계기로 그는 결혼으로부터 영원히 멀어지게 되었다.

결국 그의 곁에 남아 있는 여자는 누이동생 라마가 유일했다. 라마는 니체를 교묘하게 휘어잡았는데, 그의 유고를 발간하면서 서류를 위조하는 일까지 서슴지 않았다.《차라투스트라는 이렇게 말했다》에서 니체는 "너, 여자한테 가니? 그럼 채찍을 잊지 말아라!"라고 외쳤지만, 실제로 그는 여자 앞에서 채찍을 들 만큼 용감한 사나이가 아니었다.

니체는 본 대학의 신학과를 뛰쳐나와 헌책방에서 쇼펜하우어의《의지와 표상으로서의 세계》를 사서 꼬박 두 주일에 걸쳐 탐독하고 철학에 심취하게 된다. 군 복무 중에 말 타는 연습을 하다가 다쳐

바그너
독일의 극음악 작곡가, 이론가. 그의 유명한 작품〈니벨룽겐의 반지〉에는 독일의 민족주의, 사회주의, 쇼펜하우어철학, 불교, 기독교 등의 서로 다른 사상들과 권력 콤플렉스, 근친상간, 모성집착, 오이디푸스 콤플렉스 등 정신분석적 주제들이 다루어져 있다. 1848년 혁명이 실패로 돌아간 후, 쇼펜하우어의 영향을 받아 염세주의에 흘렀으며, 누구보다 니체에게 강한 자극을 주었다.

루 살로메
러시아 장군의 딸. 철학자 니체와 시인 릴케, 정신분석학자 프로이트까지 사로잡은 여인. 수많은 남성들의 연인으로 그들을 결국 파멸의 길에 이르게 했으며, 당대 최고의 천재들에게 창조적 영감을 불어넣어 주었던 독일인 출신의 작가이다.

곧 제대한 그는 스승인 리츨(독일의 개신교 신학자이자 자유주의 신학의 거두)의 추천을 받아 스물네 살에 스위스 바젤 대학의 고전어 교수로 초빙되어갔다.

그러나 1889년에 갑자기 마비 증세를 일으켜 길거리에 쓰러졌고, 사람들이 그를 집으로 데려갔으나 이틀 동안 의식을 찾지 못했다. 어머니와 여동생의 헌신적인 간호 아래 12년이라는 오랜 세월 동안 혼수상태를 헤매던 니체는 20세기가 시작되는 1900년에 세상을 떠났다.

《차라투스트라는 이렇게 말했다》의 역사적 배경

"이 세계는 권력에의 의지 외에 아무것도 아니다"

헤겔의 이성주의 철학에 대한 반동은 여러 가지 경향으로 나타났다. 예를 들면 유물론, 실존주의, 실용주의 등이 그것이다. 유물론은 헤겔의 관념론 대신 물질의 우위와 그 객관적인 법칙에 대한 확고한 믿음을 표시했고, 실존주의는 보편적 이념을 중시한 헤겔에 반대하여 개별적 존재로서의 인간을 중시했으며, 영미계통의 실용주의는 사물의 궁극적인 본질을 문제로 삼는 헤겔의 입장에 반대하면서 사물의 유용성이나 가치 및 성과를 진리평가의 기준으로 삼았다.

이밖에도 현대의 두드러진 사상 가운데 비합리주의적 철학이 있었는데, 여기에서 의지나 무의식, 삶이 드디어 말을 하기 시작한다. 프로이트는 "우리가 통제할 수 없는 무의식이 우리의 행동과 정서를 규정한다"라고 단언했고, 쇼펜하우어는 "인간이나 세계가 맹목적 의지의 충동을 받고 있다"라고 주장했으며, 니체는 "이 세계는 권력에의 의지 외에 아무것도 아니다"라고 하였다. 이에 대해 어떤 사람은 쇼펜하우어에 있어서의 의지는 맹목적이므로 우리의 삶이 비극일 수밖에 없었던 데 반하여, 니체에 있어서의 의지는 권력(힘)에의 의지이므로 우리의 삶은 넘쳐흐르는 충만이 된다고 평가하기도 한다.

니체의 주요 저서에는 《차라투스트라는 이렇게 말했다》 외에 《비극의 탄생》, 《인간적인, 너무나 인간적인》, 《선악의 피안》, 《도덕의 계보》, 《바그너에 반기를 든 니체》, 《우상들의 황혼》, 《이 사람을 보라》 등이 있다. 이 가운데서 유독 《차라투스트라는 이렇게 말했다》가 우리의 주목을 끄는 까닭은 그 작품의 배경을 이루는 철학적, 종교적 이야기 때문이다.

'세상은 선과 악이 싸우는 투쟁의 현장이다'

이 책에 많은 영향을 끼친 종교가 바로 조로아스터교*이다. 이 종교는 기원전 6세기 무렵 페르시아의 예언자 조로아스터*가 창시하였다. 경전은 《아베스타》이며, 해와 불, 별 등을 신성시한다. 이 세계를 선한 신 아후라 마즈다와 악한 신 아리만과의 대립 투쟁의 장으로 설명하며, 부지런하고 검소하며 열심히 노력하면 천국에 들어갈 수 있다는 믿음을 바탕으로 하고 있다.

조로아스터교 교리에 따르면, 이 세상은 선과 악이 싸우는 투쟁의 현장이다. 따라서 인간은 타고난 이성과 자유의지를 활용하여 둘 중 한쪽을 선택해야 한다. 그리고 선택의 결과에 따라 인간의 운명이 결정된다. 사람이 죽으면 영혼이 3일 동안 몸에 그대로 남아서 한평생 행한 일을 돌이켜보고, 4일째가 되었을 때 심판대로 간다. 죽은 자의 육체는 풍장風葬, 조장鳥葬에 의해 독수리와 들개들의 밥이 되지만, 영혼은 천국의 입구에 도달한다. 그곳에서 천사 미드라가 죽은 자의 살아생전에 행한 행위들을 저울에 올려놓고 심판을 하는데, 저울이 악한 쪽으로 기울면 지옥으로 가고, 선한 쪽으로 기울면 천국으로 간다. 심판을 받은 영혼은 계곡을 가로질러 놓인 다리를 지나가는데, 선한 영혼은 넓고 편안한 다리를 건너 천국으로 가고, 악한 영혼은 칼날 같은 다리를 건너다가 결국 계곡 아래 지옥으로 떨어지고 만다.

그리고 천국이나 지옥으로 간 영혼은 거기서 영원히 사는 것이 아니라 아후라 마즈다가 예정해 놓은 종말에 이르러 구세주가 나타났을 때 모든 영혼들이 부활한다. 이때 악한 영혼은 순화되어 선한 영혼과 합류하지만, 사탄과 악령들은 완전히 소멸된다. 조로아스터교는 그 유일신 사상과 내세관, 선과 악의 대비 등을 통해 유대교와 기독교, 불교, 이슬람교 등에 큰 영향을 끼쳤다.

 ## 《차라투스트라는 이렇게 말했다》의 주요 내용

우리가 소망하는 것은 초인이 살아있는 것

이 책은 1883년에서 1885년 사이에 간행되었으며, 모두 4부로 구성된 철학적 산문시이다. 그 내용은 고대 페르시아의 조로아스터교 교조인 차라투스트라('자라투스투라'의 독일식 이름으로, 영어로 조로아스터에 해당한다)가 "신은 죽었다!"라고 선언하는 장면으로 시작된다.

이후 산을 내려와 여행하면서 가르침을 전하는 그의 모습이 뛰어난 문장으로 묘사되어 있다.

니체는 "신은 죽었다. 이제 우리들이 소망하는 것은 초인*이 살아 있는 것이다!"라고 외친다. 그렇다면 초인이란 과연 어떤 존재일까?

첫째, 초인이란 대지大地를 의미한다. 그는 이 땅에 충실한 자이다. 하늘나라의 희망을 노래하는 자들을 믿지 않는 자이다.

둘째, 초인은 신의 죽음을 확신하는 사람이다. 그는 이 땅을 위하여, 그리고 삶 자체를 위하여 스스로를 바치면서 이에 순응하는 자이다.

셋째, 초인이란 영겁회귀*의 사상마저 깨달을 수 있는 사람이다. 존재의 수레바퀴는 영원히 윤회를 거듭한다. '모든 것은 이미 여러 차례 되풀이해서 성취되었다'라고 보는 이 사상을 깨달을 수 있는 자가 초인인 것이다.

어린아이처럼 놀이를 즐겨라

니체는 제1부 첫 문장에서 인간의 정신발달 과정을 낙타, 사자, 어린아이의 세 단계로 구분하고 있다. 낙타는 아무런 비판의식이나 성찰 없이 다른 사람들이 행하는 것처럼, 무거운 짐을 지고 살아가는 사람을 가리킨다. 사자는 낙타의 구속적인 삶에서 벗어나 자신의 의지대로 삶을 독립적으로 이끌어가는 사람을 가리킨다. 이것은 기존의 규범에 대한 부정과 비판이요, 스스로의 삶을 자유롭게 이끌어가는 삶의 자세를 말한다. 그러나 니체가 요구하는 궁극적인 단계는 어린아이처럼 순진무구하게 놀이를 즐길 수 있는 단계이다. 이는 삶의 부정과 긍정, 선과 악, 아름다움과 더러움을 초월하여 삶

초인超人
니체가 제시한 이상적인 인간상. '권력에의 의지'를 체현한 인물로서 인류의 지배자이다. 이에 반해 민중은 복종자에 해당한다. 차라투스트라가 바로 이 초인에 해당한다.

영겁회귀永劫回歸
영원한 시간은 원형을 이루고, 그 원형 안에서 모든 사물이 그대로 무한히 되풀이되며, 그와 같은 인식의 발견도 무한히 되풀이된다는 내용이다.

을 있는 그대로 성스럽게 긍정하는 초월자의 경지이다.

자기 자신의 정체성을 유지함과 동시에 한계에서 벗어나 세계를 있는 그대로 긍정하는 정신의 경지란 과연 무엇일까? 그것은 바로 자기 자신을 극복한 사람이다. 밖으로 나타내려는 위선이나 세속적인 가치를 벗어던지고 선과 악을 초월한 '선악의 피안(저편)'으로서의 가치를 스스로 정립한 사람이며, 인간 가운데로 들어가 보편적 인간성을 획득한 사람이다. 그는 강물의 더러움을 받아들이면서도 스스로는 더러워지지 않는 바다처럼, 인간세계에 살면서도 스스로는 더러워지지 않는 영적이고 지혜로운 사람이다. 이 대목에서 니체는 '인간이란 산 위에서 비바람과 뇌우를 맞으면서도 크고 묵묵하게 장엄한 자태를 뽐내고 서 있는 소나무처럼, 자신의 삶을 건강하게 육화肉化해야 한다'라고 말한다.

도덕은 허구에 지나지 않는다

"철학의 명예를 회복하기 위해서는 우선 도덕가들을 교수형에 처하는 수밖에 없다."

이와 같이 니체는 도덕에 반대하는 투쟁을 펼쳤다. 그 이유는 도덕이 삶을 죽이기 때문이라는 것이다. 그에 따르면 철학의 역사, 특히 기독교의 역사는 삶에 대한 은밀한 폭행이었다. 기독교는 사람들에게 항상 하늘나라를 믿으라고 말한다. 그러나 오직 존재하는 것은 공간과 시간 안에서 살과 피로 이룩된 이 세상뿐이다. 그리고 이 세계는 비도덕적인 것이기 때문에 도덕은 허구에 지나지 않는다.

니체는 노예도덕*을 다음과 같이 비판한다. 노예들은 그 자신들이 힘센 자의 능력에 미치지 못한다는 것을 잘 알고 있었다. 이에

노예도덕
강자強者에 대한 원한과 복수심에 편승하여, 동정과 박애 등을 덕으로 삼고 모든 것을 평등화, 수평화하려는 도덕을 말한다.

그들은 고귀함, 힘셈, 아름다움, 행복 등을 무가치하고 악한 것이라고 깎아내리고, 대신에 괴로움, 비천함, 겸손, 친절, 선량, 동정, 인내, 따뜻한 마음씨 등을 선이라고 주장하였다. 기독교에서는 괴로워하는 자, 가진 것이 없는 자, 병들고 추악한 자를 하나님이 축복한다고 가르친다. 반대로 고귀하고 힘센 자들은 하나님을 섬기지 않는 자로서, 영원히 저주받을 자가 된다.

이러한 면에서 보았을 때, 이른바 도덕이란 열등한 자들이 왜곡한 삶의 해석에 지나지 않는다. 그런데 문제는 강한 자들이 이 사실을 알아채지 못한다는 사실이다. 그러므로 이제는 비천한 자들의 정신적 보복행위인 노예도덕을 물리치고, 강하고 충만한 군주도덕●을 부활시켜야 한다. 이것이 바로 니체의 주장이다.

삶이란 권력에의 의지

그는 기존의 도덕을 부정한 바탕 위에서 새로운 도덕을 정립하고자 한다. '망치를 든 철학자!' 니체는 여태까지의 관념론적, 기독교적, 행복주의적 도덕을 부정하면서 새로운 삶의 도덕을 세우려 한다.

그렇다면 삶이란 무엇일까?

첫째, 삶이란 권력(힘)에로의 의지이다. 행복, 복지, 동정이란 천한 사람들의 본능일 뿐이다. 반면에 이 세계의 모든 과정은 권력에의 의지이며, 그 밖에 아무것도 아니다. 물론 여기서 말하는 권력(힘)에는 물리적인 힘 말고도 야수적인 힘, 법률의 힘, 순진함의 힘, 가치의 힘, 관념적인 진리의 힘 등 여러 가지가 있을 수 있다.

둘째, 삶에서 생겨나는 모든 것은 결백하고, 모든 생존은 정당하다. 우리는 선하기 때문에 승리하는 것이 아니라, 승리했기 때문에

군주도덕
권력에 대한 의지에 성실하고, 좀 더 고귀한 것을 열망하는 강자의 도덕. 인간 사이에 위계位階가 있다는 것을 믿고, 자기를 긍정하며 스스로 가치를 만들어내 비열한 것을 거부하며, 약자를 지배하려는 도덕이다.

선한 것이 된다.

셋째, 삶에서 가장 위대한 단어는 '운명에 대한 사랑', 즉 운명애*이다. 인간은 자신의 삶에 나타난 필연적인 것을 사랑해야 한다. 그리하여 "바로 이것이, 이것이 삶이었던가? 그렇다, 그렇고말고!"라고 니체는 외친다.

 ## 《차라투스트라는 이렇게 말했다》의 가치와 의의

니체철학의 입문서

이 책은 그 구성과 주제, 내용에서뿐만 아니라 문체에 있어서도 전례를 찾아보기 어려울 만큼 희귀한 철학서이다. 아름답고 유창하면서도 그다지 어렵지 않은 언어, 다양한 등장인물과 흥미로운 이야기 전개, 거침없는 독설과 애절한 사랑의 노래, 극적인 장면 전환 등은 보통의 철학 서적에서 발견하기 어려운 흥미를 자아낸다. 그리고 니체철학을 이해하기 위한 가장 좋은 입문서라는 사실은 이 책을 '독일어로 쓰인 철학서 중에서 가장 많이 읽히는 베스트셀러이자 스테디셀러'로 만들어주었다.

이 책은 니체의 '머리가 아니라 피로 쓴 글'이었다. 니체 스스로 이 책에 대해 '단테와 괴테, 셰익스피어를 넘어서는 문체를 구사한 책', '인류에게 지금까지 주어진 그 어떤 선물보다도 가장 큰 선물', '제5의 복음서', '미래의 성서'라고 말했다. 하지만 그의 주장에 동조하는 사람은 아무도 없었다. 이 때문에 니체는 100년 후의 독자에게 기대를 걸었는데, 결국 그의 기대는 적중했다. 니체 사후 100년이

운명애運命愛
아모르파티amor fati의 번역어. 운명은 필연적인 것으로 인간에게 닥쳐오지만, 이를 인정하는 것만으로는 창조성이 없다. 오히려 운명의 필연성을 긍정하고 자기의 것으로 받아들여 사랑할 수 있을 때, 비로소 인간 본래의 창조성을 발휘할 수 있다.

지난 현대에 이르러 제대로 목소리를 내기 시작했기 때문이다.

독일의 유명한 소설가 고트프리트 벤은 니체를 '루터 이후 가장 위대한 독일 언어의 천재'라고 불렀으며, 현대무용을 창시한 이사도라 던컨은 이 책을 통해 자유분방한 무용의 경지를 개척했다. 토마스 만, 제임스 조이스, 발레리와 같은 작가들과 뭉크, 피카소, 칸딘스키와 같은 예술가들 역시 니체에 몰두했다. 그 이유는 니체의 언어들이 삶의 고통과 치유를 그려내는 생명의 이야기를 전달해주기 때문이다.

나치즘에 악용당하다

당시 니체는 머지않아 허무주의(니힐리즘)가 다가올 것을 알고 있었다. 그리하여 기존의 가치가 무너진 후에 필요한 새로운 가치체계를 세우려고 하였다. 따라서 가장 먼저 니체는 파괴자와 반대자의 모습으로 나타났다. 무엇보다 그는 기독교와의 대결을 통해 모든 기존의 가치를 전도轉倒하겠다고 선언한다. 약한 자만을 위하는 기독교 도덕은 노예도덕으로서 마땅히 파기되어야 하며, 이제부터는 힘센 자들을 위한 군주도덕이 세워져야 한다고 주장한 것이다. 그리하여 이제까지의 모든 가치기준이었던 '신'에 대해 죽음을 선고하고, 머지않아 허무주의가 도래할 것임을 예언하였다. 그러나 그 허무주의를 '동일한 것이 계속하여 다시 돌아오는' 영겁회귀의 사상으로 붙잡아 선악을 초월한 입장(선악의 피안)에서 도리어 현실 긍정적이고 적극적인 삶을 강조하고 나섰다. 한편, 모든 삶의 근저에 '권력에의 의지'가 있음을 간파하고 그것을 체현한 존재로 초인을 내세웠다. 그러나 그의 철학은 엉뚱하게 나치즘의 사상적 지주로 이용되기도 하였다.

프로이트의
《꿈의 해석》

꿈의 숨겨진 의미를 해석하다

프로이트,
무의식의 세계를 연 정신분석학자

    정신의학자이자 정신분석학의 창시자인 프로이트는 오스트리아에서 유대계로 태어났다. 첫 아내를 잃은 그의 아버지는 무려 스무 살이나 차이가 나는 여자와 재혼을 했다. 프로이트는 그 사이에서 태어났다. 그러다 보니 전 아내가 낳은 큰아들 임마누엘에게는 이미 남매가 딸려 있었고, 프로이트는 자신보다 나이가 한 살 많은 조카와 친구인 동시에 경쟁자로 성장하였다.

특이한 부자관계와 오이디푸스 콤플렉스

    이때 여자 조카 파울리이네는 어린 프로이트에게 지대한 성적^{性的} 관심의 대상이 되었다. 또한, 프로이트가 만 한 살이 되기도 전에 남동생 율리우스가 태어나는데, 그는 한 편지에서 "남동생과 나는 어머니의 사랑을 놓고 서로 다투었다. 때문에 생후 여덟 달 만에 그가 죽었을 때 기쁨을 느꼈다"라고 고백했다. 또한, 같은 편지에서 "아버지가 그의 아내(프로이트의 어머니)에 대해서 자기보다 나(프로이트)에게 더 정신이 팔려 있다고 비난하며 다툰 것을 기억하고 있다"라고 말했다. 이 특이한 부자父子관계는 그의 정신분석학설인 오이디푸스 콤플렉스를 상기시킨다.

프로이트는 아홉 살에 중고등학교 과정인 김나지움에 입학하여 수석으로 졸업하였고, 열일곱 살에는 빈 대학의 의과대학에 입학하였다. 그리고 스물다섯 살에 다섯 살 어린 유대인 출신의 마르타를 만난다. 그녀에게 첫눈에 반한 프로이트는 만난 지 두 달 만에 약혼을 하는데, 4년 3개월의 약혼기간 동안 900통이 넘는 편지를 보낼 만큼 애틋한 사랑을 나누었다.

나치의 박해와 영국 망명

1933년, 나치정권은 베를린에서 프로이트의 정신분석학을 불법화시키고, 관련 서적을 모두 불태워버렸다. 5년 후 오스트리아를 불법 점령했을 때는 그의 모든 장서를 태워버렸으며, 재산까지 몰수하였다. 결국 그는 나치의 박해를 견디지 못해 영국으로 망명하였다.

오이디푸스 콤플렉스(Oedipus complex)

오이디푸스는 그리스 로마 신화에 나오는 영웅으로, 테베의 라이오스 왕과 이오카스 왕비 사이에서 태어났다. 그가 태어날 무렵 '자기 아버지를 죽이고 어머니와 결혼한다'는 무시무시한 신탁이 내려졌고, 왕은 그를 내다버린다. 성장하는 중에 자기에 대한 예언을 알게 된 오이디푸스는 그 예언을 피하기 위해 가급적 먼 곳으로 길을 떠난다. 그런데 길을 가는 도중에 사소한 시비 끝에 한 사람을 죽이고 만다.

몇 년 후, 테베에 머리는 여자이고 몸은 사자인 스핑크스가 나타나 지나가는 사람에게 수수께끼를 내어 풀지 못하면 잡아먹는 소동이 벌어진다. 그 수수께끼란 '아침에는 네 발로 걷고, 낮에는 두 발로 걸으며, 저녁에는 세 발로 걷는 것이 무엇이냐'는 것이었다. 이 소식을 전해들은 오이디푸스는 그 괴물에게 "그것은 사람이다"라고 정답을 제시했고, 괴물은 골짜기로 투신하여 자살해버린다. 괴물을 물리쳐준 데 대한 감사 표시로 테베 사람들은 오이디푸스를 왕으로 모셨고, 그때 마침 과부였던 왕비 이오카스를 그의 아내로 준다.

그 후, 테베에는 전염병이 발생하여 수많은 사람들이 죽어갔다. 신탁을 구한 결과, 그 원인은 왕가의 불륜에 있음이 밝혀졌다. 즉 오이디푸스가 길에서 만나 살해한 노인은 친아버지인 라이오스 왕이었고, 현재의 아내는 친어머니였던 것이다. 모든 원인이 자기에게 있음을 알아차린 오이디푸스는 자기의 두 눈을 빼어버렸고, 그의 어머니이자 아내인 왕비 이오카스는 자살하고 만다.

이 비극적인 신화를 프로이트는 '아들이 아버지를 적대시하고, 어머니를 좋아하는 본능의 표현'으로 보았다. 아들에게 있어 아버지는 사회적 구속의 화신이다. 반면에 어머니는 그가 보호해야 할 대상이다. 아들은 아버지와 경쟁 심리를 느끼며, 아버지 대신에 어머니를 독점하려 든다. 아들은 가끔 고추를 어머니에게 보이는 무의식적인 행위를 하는데, 이것은 자기도 남자라고 하는 일종의 과시이자 유혹의 본능에서 나온다는 것이다. 그러나 오이디푸스 콤플렉스는 네 살에서 다섯 살 사이에 끝난다. 그 이유는 이러한 불합리한 욕구를 갖게 되면 그 벌로 아버지로부터 거세당할지 모른다는 공포심이 작용하기 때문이다. 오이디푸스 콤플렉스와 대비를 이루는 것이 바로 엘렉트라 콤플렉스인데, 이것은 딸이 어머니를 거절하고 아버지를 사랑하는 심리를 말한다.

🏛 《꿈의 해석》의 역사적 배경

의학계로부터 왕따를 당하다

프로이트는 스승인 브뤼케 교수의 권유에 따라 임상의학으로 자리를 옮기는데, 아마 약혼자와의 결혼생활에 대비한 경제적인 이유도 있었을 것으로 여겨진다. 1885년 가을, 프로이트는 은사의 도움으로 장학금을 받아 파리 유학에 나선다.

이듬해 3월 빈으로 돌아온 그는 파리에서 배운 것을 빈 의학학회에 보고하였다. 그러자 곧 격렬한 반대가 일어났다. 빈의 의학자들은 프로이트의 환자 진찰을 승낙하지 않았으며, 그가 데려오는 환자를 환자로 취급하지도 않으려 했다. 그가 전형적인 히스테리성 마비환자를 발견하여 의학학회에 보고했지만, 그것에도 관심을 나타내지 않았다. 뇌해부학 연구실은 그에게 문을 열어주지 않았으며, 강의시간도 취소되었다. 학술단체에서 쫓겨난 프로이트는 이제 독자적인 길로 나아갈 수밖에 없었다. 빈 의학계에서 고립된 그는 가정생활을 유지하기 위해서라도 환자에게 효과적인 치료를 실시해야만 했다.

프로이트 심리학의 원천은 서양문학

이런 와중에 출판된 《꿈의 해석》은 일반인들의 관심을 끌지 못했다. 초판 600부가 팔리는 데 무려 8년이란 세월이 걸렸을 정도이다. 그러나 이 책은 무의식의 세계를 최초로 열어 보임으로써 결국 그의 명저가 되었다.

이 책에 나타난 프로이트의 사상이 정립되는 데는 당대 철학이 영향을 주었다고 볼 수 있다. 예컨대 다윈의 진화론으로부터는 '무의식이 진화론적으로 발달하여 어느 단계로까지 축적될 수 있다'는 가설을, '기존 도덕의 파괴'를 외친 니체로부터는 '우리의 무의식이 도덕적인 것과 무관하다'는 메시지를 배웠을 수 있다. 또한, 인간의 능력을 지나치게 믿었던 당시의 반反종교적 경향 역시 프로이트 체계에 영향을 주었으리라 추측된다. 이러한 이유로 일부에서는 '과연 무의식이 의식보다 더 큰 의미를 갖는 것일까?'라는 의문을 제기하기도 한다.

1908년 12월, 프로이트는 미국 클라크 대학교 창립 20주년 기념식에 참석하여 명예박사 학위를 받는다. 그 스스로 "우리의 노력이 처음으로 공식적인 인정을 받게 되었다"라고 감격했을 만큼, 이 일은 프로이트 학설이 세계적으로 인정받게 되는 기념비적인 사건이었다. 기념식 후에 와병 중인 윌리엄 제임스*를 방문한 프로이트는 그로부터 "심리학의 장래는 당신의 연구에 달려 있소"라는 격려를 받는다.

사실 정신작용으로서의 꿈의 기이함은 고대사회 때부터 인식되어 왔다. 그리고 '무의식'이라고 이름 붙여지지는 않았지만, 그런 세계가 존재하리라는 생각이 프로이트로부터 처음 비롯된 것도 아니다. 프로이트 자신이 여러 차례 고백하고 있듯이, 그의 영감의 원천은 시인과 작가들이었으며, 19세기의 서양문학은 놀라울 정도로 프로이트적인 작품들로 가득 차 있었다. 정신의학 또한 19세기 중반 이후에는 매우 진전된 분야로 자리를 잡았다. 세계의 역사를 바꾸어놓은 대부분의 철학들이 그러하듯, 정신분석학 역시 앞선 시대의 사상들을 종합하여 등장시킨 이론에 지나지 않았던 것이다.

윌리엄 제임스
미국의 심리학자이자 철학자. '의식의 흐름'이라는 용어를 처음 사용한 근대 심리학의 창시자이다. 1890년 《심리학의 원리》를 출간하여 세계적인 석학의 명성을 얻었다. 1873년부터 1907년 은퇴할 때까지 하버드 대학에서 해부학과 생리학, 심리학, 철학을 가르쳤다.

🏛 《꿈의 해석》의 주요 내용

꿈의 의미를 찾아내다

프로이트는 이 책에서 부조리하고 무의미하게 여겨지는 꿈으로부터 우리가 어떤 방식으로 그 의미를 찾아낼 수 있는가를 가르쳐 주고 있다. 마치 잘못 해석된 텍스트를 놓고 '과연 그 원래의 뜻은 무엇이었을까?'를 탐구해가는 어문학자나 원전비평가와 흡사하다.

이 책에서 프로이트는 '대수롭지 않은 일상 체험들이 과연 꿈에서는 어떤 방식으로 무의식적 욕망과 결합하여 다른 모습으로 나타나는지, 꿈은 과연 어떤 방식으로 우리의 욕망을 해석할 수 없는 모습으로 그려내는지, 꿈에는 우리의 의식이 알지 못하는 어떤 감정이 담겨 있는지, 그리고 그것이 어떤 방식으로 꿈에 투영되는지'를 고찰하고 있다. 물론 이 책은 프로이트 자신이 만난 많은 환자들에게서 관찰된 내용이 바탕이 되었지만, 꿈 해석의 예로 든 주요 사례들은 모두 프로이트 자신의 꿈이었다고 생각된다.

무의식이 행동과 정서를 규정한다

프로이트는 마음속 깊숙한 곳에 숨어 있는 무의식이 우리의 행동과 정서를 규정한다고 단언하였다. 그렇다면 과연 무의식無意識이란 무엇일까? 그것은 '의식에 영향을 미치기는 하나, 꿈이나 정신분석의 방법에 의하지 않고는 의식화하지 않는 의식'을 말한다. 그리고 이것은 실수나 꿈, 강박행위 등으로 나타난다.

- 실수로 나타나는 경우

어떤 사람이 편지를 써놓고 서랍에 넣어두었다가 어느 날 큰 결심을 하고 부쳤다. 그런데 그 편지는 며칠 후 '주소를 쓰지 않았다'는 딱지가 붙어 되돌아왔다. 주소를 써서 다시 부쳤는데 그것 역시 돌아온다. 이번에는 우표를 붙이지 않았다는 것이다. 나중에야 그는 자기가 이 편지를 보내고 싶어하지 않았다는 사실을 깨닫게 된다.

- 꿈으로 나타나는 경우

잠자리를 같이했던 한 여성이 그 상대 남성에게 말했던 꿈 이야기이다. 빨간 군모를 쓴 장교가 자신을 뒤쫓아왔고, 이에 그녀는 층계로 달려 올라갔다. 그녀는 자기 방으로 뛰어들어 문을 잠그고는 열쇠구멍을 통해 밖을 내다보았다. 그러자 그 남자는 벤치에 앉아 혼자 울고 있었다는 것이다. 이에 대해 프로이트는 빨간 군모란 남자의 성기이고, 층계를 올라가는 일은 성교행위를 가리키며, 문을 잠갔다는 것은 성교 중에 남자가 여자에게 몸을 물린 것으로 해석한다. 또 남자의 눈물은 정액 또는 여자의 슬픔이 대치된 것이라고 본다.

- 무의식이 강박행위로 나타나는 경우

어느 부인이 옆방으로 달려가 하녀를 부른다. 하녀가 와도 부인은 테이블 곁에 서 있을 뿐, 아무 일도 시키지 않는다. 이러한 행위를 분석하기 위해 프로이트는 그녀의 과거 경험을 들추어낸다. 그녀는 10년 전에 나이 많은 남자와 결혼을 했는데, 신혼 첫날밤에 그 남자가 성 불능자임을 알았다. 그날 밤 남자는 자기 방에서 신부 방으로 여러 차례 달려왔지만, 번번이 실패하고 말았다. 아침이 되자 그녀는 하녀 앞에서 창피를 당하기 싫어, 침대의 요에 빨간 잉크를 던져 끼얹었다. 그러나 사랑의 흔적을 남기기 위해 던진 잉크는 제 자리에 묻지 않았다.

이러한 과거 경험을 염두에 두고 부인의 행동을 분석해보면 다음과 같다. 첫째, 부인은 자신과 남편을 동일시하고 있다. 가령 달려간다거나 보여줌으로써 첫날밤 남편의 역할을 대신하고 있다. 여기에서 테이블은 침대와 동일시되고 있으며, 얼룩이 제자리에 묻어 있음을 남편을 대신하여 하녀에게 보여주고 있는 것이다. "내 남편은 성 불능자가 아니에요. 자, 보세요. 여기 사랑의 흔적이 남아 있잖아요?"라고 말하고 싶은 소망을, 현재의 무의식적 행동으로 보여주고 있는 것이다. 그런데 행위의 당사자가 자신의 행위동기를 전혀 알지 못하는 이 무의식은 인간의 성 충동과 밀접한 관련을 맺고 있다.

리비도, 성 충동을 일으키는 에너지

리비도Libido란 성 충동을 일으키는 에너지로서, 모든 인간문화는 억제되고 순화된 리비도의 산물이다. 가령 학문에 대한 맹렬한 욕구도 리비도의 활동을 방향 전환시킨 결과이며, 종교에서 수도승이 육체적 욕망을 억제함으로써 다른 정신적 성 충동을 만족시키는 경우도 이에 해당한다. 그런데 이 성 충동은 꼭 이성에게만 향하는 것이 아니고, 동성이나 자기 자신, 동물 심지어 무생물에까지 향한다. 또한, 성행위는 성기의 결합에만 있는 것이 아니고, 입이나 항문에 의한 것도 있을 수 있다. 프로이트는 신체의 세 가지 열린 부분, 즉 입, 항문, 성기가 특히 리비도의 만족과 밀접한 관계가 있다고 보았다. 그리고 인간이 태어나면서부터 성장하는 동안 일정한 간격을

승화昇華
무의식적인 성적 에너지가 예술적 활동, 지적탐구(학문연구) 활동, 종교적 활동 등 사회적으로 가치 있는 분야로 바뀌는 현상을 말한다.

억압抑壓
보통 불쾌한 관념이나 위험한 관념 등은 잊어버리기 쉽다. 예컨대 성욕의 적나라한 실현이나 적의敵意의 직접적인 표현은 의식되지 않는 경향이 있는데, 이것은 자아의 자기방어 기제에 해당한다. 이처럼 억압이란 죄책감, 불안, 자책을 일으키지 않도록 하기 위해 그러한 충동들을 일부러 내쫓는 심리현상을 가리킨다.

투사投射
주체가 자기 속에 있으면서도 자기가 모르거나 거부하는 특성들, 예컨대 감정, 욕망, 대상을 자기 밖으로 추방하여 타자(사람이나 사물) 속에 위치시키는 작용을 말한다. 주체는 자신을 다른 사람들과 동일시하거나, 반대로 다른 사람이나 유, 무생물들을 자기 자신과 동일시하기도 한다. 가령 소설의 독자들은 자기 자신을 주인공에 투사한다고 말할 수 있다.

166

두고 이에 대한 관심이 발생한다고 주장했다.

히스테리, 질병에로의 도피

우선 프로이트는 인간의 인격을 세 가지 단계로 나누었다. 첫째, 이드^{id}는 쾌락의 원리에 지배되는 무의식의 영역으로, 성욕과 같은 원시적 욕구를 말한다. 둘째, 자아^{ego}는 밖의 현실을 고려하는 현실 원칙에 지배된다. 셋째, 초자아$^{Super\ ego}$란 부도덕한 욕구로서의 이드를 제압하는, 보다 높은 자아를 말한다. 대개 양심과 같은 의미로 받아들일 수 있다.

그런데 프로이트에 따르면, 인간에게는 삶의 본능으로서의 리비도뿐만 아니라 죽음에로의 본능도 있다. 프로이트는 유기체의 충동을 관찰하면서 이전 상태로 돌아갈 것을 강요하는 강한 경향이 있음을 지적하였다.

인간은 어떤 발달단계를 원만하게 거치지 못했을 때, 여러 가지 형태의 불안이 생겨난다. 가령, 자아가 불안에 놓이면 승화*, 억압*, 투사*, 전이*, 합리화, 퇴행*과 같은 방어기제를 사용하는데, 이상과 같은 여러 가지 이상증세 가운데서도 히스테리가 대표적이다.

어떤 학자는 이것을 암시에 의해서 생겨나고 설득에 의해서 치료되는 것으로 보았고, 어떤 학자는 심리적 반응이 신체적 증상을 동반하는 것으로 보았다. 이에 대해, 프로이트는 병에 걸림으로써 곤란한 사태로부터 벗어나려는 경우, 말하자면 '질병에로의 도피'를 히스테리라 불렀다. 프로이트는 히스테리나 다른 강박현상의 원인에는 무엇보다 어린 시절의 성적인 요소가 매우 많이 작용한다고 보았다.

전이轉移
어떤 형태의 행동학습에서 얻은 발전이 다른 행동의 실행에 개선을 가져오는 것. 가령 한 가지를 학습하면 다른 학습에도 그 영향이 미치는 일 등을 말한다.

퇴행退行
발달 또는 진화 과정에서 먼저의 상태 또는 시기로 돌아가는 것. 옛날 형태의 사고나 행동의 구조로 회귀하는 것을 가리킨다.

🏛 《꿈의 해석》의 가치와 의의

꿈의 분석으로 무의식 세계에 접근하다

1900년에 초판이 발행된《꿈의 해석》은 1929년 8판에 이르도록 개정되어 왔는데, 프로이트가 스스로 가장 중요하게 생각했던 작품이다. 그런데 제목과 달리, 이 책은 꿈의 해석에 목적이 있는 것은 아니다. 그것은 정상적 심리기관 안에서 작용하는 무의식의 성격과 그 흐름을 귀납적으로 도출하게 하는 자료로서 그 가치를 지닌다. 즉 행위 당사자조차 알아차리지 못하는 무의식의 세계와, 의식이 느슨해진 시간에 일어나는 꿈의 분석을 통해 그 성격을 보여주려는 것이다.

나아가 프로이트는 자신의 이론을 직접 임상에 사용하여 환자의 질환을 해결하고자 했다. 환자가 겪고 있는 정신적인 상황을 꿈을 통해 가정하여 유추하고, 그 가설 아래서 의식 수준으로 문제를 끌어올려서 해결하려 했던 것이다. 다시 말해, 자신을 찾아온 환자의 병리적 행태와 자신의 꿈 해석을 접합하여 분석하고, 자신이 세운 가설의 검증과 수정을 통해 독특한 사상체계에 도달하고자 했던 것이다.

'20세기의 지적 지형을 바꾼 인물'

《꿈의 해석》이후 많은 학자들이 그의 주위에 몰려들었고, 프로이트는 이들을 중심으로 국제정신분석학회를 창립하였다. 프로이트의 정신분석학은 에리히 프롬 같은 학자에 의해 마르크시즘과 결합되기도 하였고, 미국에서 자아심리학으로 계승되기도 하였다.

그것은 단순히 의학에 그치는 것이 아니고 철학, 심리학, 문화이론, 사회이론으로서 방대한 체계를 갖춘 세계관이 되었다. 그리하여 달리*나 피카소의 그림, 버지니아 울프나 제임스 조이스의 소설, 유진 오닐*의 연극 등에서도 그의 영향을 찾아볼 수 있다.

프로이트의 주요 저서로는《꿈의 해석》외에《히스테리 연구》, 《정신분석학 입문》,《자아와 이드》등이 있다. 프로이트는 제2차 세계대전이 일어나기 직전인 1939년 9월 23일, 83세의 나이로 런던의 메야레스필드 가든에서 숨을 거두었다. 유골은 그가 평소에 좋아했던 희랍의 항아리에 담겨져 그곳에 묻혔다.

프로이트가 인류 역사상 가장 독창적인 정신분석학을 창시하게 된 근본적인 동기는 "머리가 좋고 성적이 뛰어났음에도 불구하고, 단지 유대인이라는 이유 때문에 그에 상응하는 대우를 받지 못한 데 대한 부당성을 증명하려는 데 있다"라고 지적한 사람이 있다.

한편 그의 사상이 독창적이기는 하나 명쾌한 맛이 없고, 용어 자체에 모호한 점이 많다고 비판하는 사람도 있다. '과연 정신분석이 과학으로 성립될 수 있느냐' 하는 데 대해서도 많은 의문이 제기되었다. 꿈 현상에 어떤 인과적 의미를 부여할 수 있는가에 대해 많은 사람들이 주저하고 있는 것이다.

그렇다고 해서 프로이트의 연구성과가 던져주는 의미가 퇴색되지는 않는다. 정신분석이 인문학, 사회과학의 이론에 미친 영향은 실로 어마어마하며, 좋든 싫든 프로이트 이후의 인간 이해는 정신분석이 설정해놓은 인간관으로부터 결코 자유롭지 못하다. 몇 해 전 〈타임〉지는 '20세기의 지적 지형을 바꾼 첫 번째 인물'로 프로이트를 꼽고, 표지인물로 선정한 바 있다.

달리
스페인의 초현실주의 화가. 환상적 감각과 치밀한 고전적 수법으로 그림을 그렸으며, 상업미술 쪽에도 폭넓은 화폭을 선보인 바 있다. 프로이트의 정신분석학설에 공감, 의식 속의 꿈이나 환상의 세계를 자상하게 표현했다.

유진 오닐
미국의 극작가. 브로드웨이에서 상연된 장편 《지평선 그 사람》은 자연주의적 성격 묘사가 뛰어나 높은 평가를 받았다. 특히 《상복喪服이 어울리는 엘렉트라》는 그리스 비극을 토대로 하여 사랑과 미움, 운명에 대한 프로이트적인 해명을 시도한 작품이다. 1936년 노벨상을 받았다.

마르쿠제의
《일차원적 인간》

일차원적 인간은 '행복하지만
멍청하거나' 또는 '멍청해서 행복'하다

Marcuse

마르쿠제,
프랑크푸르트학파를 대표하는
사회철학자

독일의 유대계 철학자인 마르쿠제는 베를린에서 태어나 미국으로 망명했다. 그는 프랑크푸르트학파의 대표적인 사상가로서 아도르노, 호르크하이머와 어깨를 나란히 했다. 베를린 대학과 프라이부르크 대학에서 철학과 사회학을 전공했으며, 후설과 하이데거 밑에서 철학을 계속 연구했다. 1930년, 호르크하이머가 프랑크푸르트 대학에 '사회연구소'의 소장이 되자 아도르노와 에리히 프롬* 등과 함께 참여하여 사회철학자, 사상가로서의 길을 걷기 시작했다.

1933년 나치정권이 세워지자 스위스의 제네바로 망명하였고, 1934년에는 미국으로 옮겨가 살았다. 이때를 전후하여 주요 저서를 내놓기 시작했는데, 이 가운데《권위와 가족(에리히 프롬 공저)》은 프로이트적인 문화, 사상구조의 분석방법을 바탕으로 나치가 등장하게 된 사회심리적 기초로서의 권위주의를 연구한 책이다. 그리고

에리히 프롬
독일에서 태어난 유대인. 유대인으로서 멸시와 박해를 받으며 '전 세계가 정의와 사랑으로 하나가 되어야 한다'고 생각했고, 세계대전을 목격하면서 '평화의 사상', '인간성 회복에 대한 열망'으로 무장하게 되었다. 미국에서 대학교수가 되었고, 《자유로부터의 도피》를 썼다. 56세에 《사랑의 기술》을 저술하여 "사랑은 받는 것이 아니라 주는 것"임을 강조했다. 인간의 본질을 자유로 보고, 오직 자유의 실현만이 인간을 행복하게 할 수 있다고 주장했다. 그리고 그 기초는 '자기 동일성'이기 때문에 가장 자기다운 자유의 삶을 사는 것이 인간성 회복의 지름길이라고 보았다.

1941년에 낸 《이성과 혁명》은 근대 합리주의의 연장 선상에서 파시즘을 분석한 책이다.

마르쿠제는 제2차 세계대전 중 미국 육군에서 정보분석가로 활약했고, 전쟁이 끝난 뒤에는 정보조사국 중부유럽 과장으로 근무했다. 1952년부터는 컬럼비아 대학에서 러시아연구에 종사했으며, 1954년에는 매사추세츠주 브랜다이스 대학의 교수가 되었다. 1965년에 캘리포니아 대학 철학교수가 되었으며, 은퇴 후 죽을 때까지 이 대학의 명예교수로 재직했다.

'미국의 대학은 사회의 오아시스이다'

마르쿠제의 '절대거부' 정신과 정치사회적 투쟁에 대한 명확한 입장표명은 많은 학생과 젊은이들의 공감을 얻었다. 그로부터 그는 1960년대와 70년대 초 신좌파운동의 탁월한 이론가로 떠올랐다. 1964년 《일차원적 인간》이 출간되자, 미국의 버클리에서 자유성토운동이 결성되고, 1970년 프랑스 파리에서는 학생데모가, 1971년 독일에서는 학생운동이 일어났다. 마르쿠제는 좌익운동의 정신적 지주로서 마르크스, 모택동과 더불어 3M으로 거론되기도 했다.

그러나 마르쿠제 자신은 결코 행동가가 아니었으며, 어디까지나 새로운 인간의 창조를 주창한 사상가에 지나지 않았다. 물론 그가 부자유스럽고 억압적인 서구사회에 대해 강력하게 이의를 제기하고, 심지어 '전복(뒤집어짐)될 때까지 저항할 것'을 역설한 것은 사실이다. 그렇다고 대학캠퍼스의 시위까지 옹호하지는 않았다. 이와 관련하여 그는 다음과 같이 말한 바 있다.

"나는 미국의 대학을 자유언론과 진정한 비판적 사유가 이루어지는 사회의 오아시스라고 생각한다. 그 어떤 학생운동일지라도 이 성채城砦(성과 요새를 아울러 이르는 말)를 보호하려고 노력하지 않으면 안 된다."

《일차원적 인간》의 역사적 배경

종합과학적 접근으로 인간을 파악하다

우선 마르쿠제가 몸담았던 프랑크푸르트학파에 대해 알아보자. 프랑크푸르트학파는 독일 프랑크푸르트 대학의 '사회연구소'를 중심으로 형성되었다. 이 연구소는 1923년에 창설되어 나치정권이 수립된 이듬해인 1934년에 스위스와 프랑스를 거쳐 미국의 뉴욕으로 옮겨갔다. 미국 컬럼비아 대학의 부설기관으로 있다가 전쟁이 끝난 후 다시 독일 프랑크푸르트로 옮겨왔는데, 이 학파가 주축이 되어 나타난 비판이론은 다음과 같은 배경을 가지고 있다.

1920년대 말의 유럽은 자유기업 경제체제가 몰락하고 자유민주주의는 점점 무력해져갔으며, 사회민주주의 역시 그 허약성을 드러내고 있었다. 이에 대한 대안으로 공산주의와 국가사회주의가 나타났지만, 독일의 정치경제적 상황은 어느 때보다도 이론과 실천의 통합이 요구되는, 긴박한 위기에 몰려 있었다. 호르크하이머와 아도르노는 이러한 위기를 극복하기 위해 철학뿐만 아니라 사회학, 정치학, 경제학, 심리학 등 여러 분야를 받아들여 일종의 종합과학적 접근을 시도했다. 말하자면 인간을 전체성에서 파악하려고 한 것이다.

프랑크푸르트학파의 '위대한 거부'

흔히들 프랑크푸르트학파의 이론을 가리켜 '비판이론'이라 부른다. 이 말은 칸트의《순수이성비판》과 마르크스의 '이데올로기 비판'에서 따왔는데, 그 주제는 산업자본주의 하에서 민주주의체제 속에 숨겨져 있는 전체주의적 요소를 벗겨내어 고발하고, 인간성과 이성을 회복하자는 것이다.

비판이론은 사회현상의 분석에 있어서는 마르크스주의를 바탕으로 하되, 여기에 프로이트의 정신분석학을 끌어들여 양자를 접목시켰다. 비판이론가들은 "비판이 마비된 사회, 반대가 없는 사회는 파쇼적 권위주의의 정치지배가 파놓은 현대문명의 함정"이라고 주장한다. 체제에 대한 도전, 이른바 프랑크푸르트학파의 '위대한 거부'는 인간회복의 선언이자 현재의 권위주의적 지배에 대한 학문적 저항이라 할 수 있다.

특히 비판이론은 현대 자본주의 사회의 경제생활과 개인들의 심리적 발달, 문화적 소산의 상호연관성을 분석한다. 그에 따르면 학문, 종교, 예술, 법률, 관습, 여론, 오락, 스포츠와 같은 문화적 소산이 자본주의 경제구조로 하여금 인간의 심리를 조종하여 기존 질서에 순응케 하고, 이에 상응하는 현실긍정의 문화를 만들어낸다.

《일차원적 인간》의 주요 내용

일차원적 인간이란 현대사회의 소외된 인간상태

마르쿠제의 최대 걸작인《일차원적 인간》은 고도의 산업사회에서 현대인들이 체제 안에 완전히 종속되어 변혁의 힘을 잃어버렸음을 날카롭게 지적하고 있다.

그렇다면 과연 '일차원적 인간'이란 무엇인가? 그것은 '현대사회의 소외된 인간상태'를 가리켜 마르쿠제가 붙인 말이다. 마르쿠제에 따르면, 현대는 부르주아지와 프롤레타리아트를 양축으로 삼는 일차원적인 고도의 산업사회이다. 노동자는 돈을 벌기 위해 자신의 노동력을 팔고, 자본가는 돈을 벌기 위해 노동력을 산다. 여기에서 '인간성'은 사라지고, 오직 돈이 주인 행세를 한다. 모든 사람은 돈에 주목하고, 모든 것들을 돈으로 가치매김한다. 따라서 인간은 목적이 아니라 수단으로 치부된다. 한 사람이 사상이나 인격에 의해 판단되는 것이 아니고, 그가 가진 돈과 생산능력에 따라 평가되는 것이다.

돈으로부터 인간이 소외되고 배제되지만, 대부분의 사람들은 애써 그 현실을 외면한다. 이것이 되풀이되다 보니 이제는 억압된 현실을 비판하는 힘(이성의 비판력)마저 잃어버리게 되었다. 새로운 차원의 삶을 위한 내적 차원의 동력을 상실하고, 나아가 의식의 일원화一元化에까지 다다르게 된다. 따라서 비판이 결여된 일차원적인 문화와 사고(이데올로기)가 이 사회를 지배하게 되는데, 여기에 몸을 맡긴 채 무기력하게 살아가는 평면적인 사고의 인간, 그가 바로 일차원적 인간이다.

일차원적 사회는 비판이 마비된 사회

마르쿠제는 현대인들이 '비판이 마비된 사회, 반대가 사라진 현실' 속에서 살아가고 있다고 지적한다. 이러한 '일차원적 사회'는 압도적인 효율성과 경제적 생활수준의 향상을 유혹의 수단으로 삼아 모든 사회적 모순과 갈등을 희석하고 은폐시킨다.

마비된 비판의식 속에서 일차원적 인간들은 끊임없이 상품을 소비하는 데 자신의 모든 욕구를 바친다. 불필요한 것들을 원하고, 불필요한 것들을 생산하며, 불필요한 것들을 소비한다. 다시 말하면, '허위욕구'가 지나친 생산을 유발하고, 지나친 낭비를 낳는 구조이다. 정권, 언론과 결탁한 대기업은 노동자의 노동력을 착취하여 대량생산 체제를 유지하고, 우매한 대중들로 하여금 끊임없이 소비하도록 만들며, 막대한 부를 챙겨간다.

이로 말미암아 이 사회에는 부익부빈익빈의 구조적 모순이 생겨나고, 자동화된 기계설비 속에서 실업사태가 일어나며, 저항의식을 희석시키기 위해 퇴폐적인 오락과 스포츠가 양산된다. 사회 전반에 걸쳐 소외와 억압 등의 부정적인 현실이 생겨나지만, 그것을 애써 외면하고 억누른다. 문제는 이러한 모순들을 인식하고 그로부터 벗어나고자 하는 진정한 의식과 욕구마저 시민들로부터 빼앗아간다는 점이다.

비극적인 현실을 어떻게 극복할 것인가?

그렇다면 이 비극적인 현실을 어떻게 극복할 것인가? 마르쿠제에 따르면, 인간은 역사성에 근거한 '급진적 행위'에 의하여 비로소 자유로워질 수 있다. 더 이상 용납될 수 없는 것을 거부하여 환경과 인간을 변화시키는 이런 행위야말로 마르크스가 말하는 '혁명적 실천'에 다름 아니다. 하이데거 식으로 표현한다면, 인간은 '본래적 자기에로의 결단'을 통하여 자유로워질 수 있다. 진정한 실존은 구체적인 변혁 행동을 통해서만 실현될 수 있는 것이다.

또한, 이 대목에서 비판이론가들은 인간성과 이성의 회복을 주장한다. 그렇다면 과연 이성理性이란 무엇인가? 지금까지 서양철학에서 인간의 이성은 지고지순至高至純(더할 수 없이 높고 순수함)한 어떤 것으로 간주되어 왔다. 물론 이성이 과학을 발달시킨 것은 사실이다. 하지만 그것이 인간의 삶에 진정한 자유와 행복을 가져다주지는 못했다. 계몽적 이성이 '도구적 이성'으로 전락했기 때문이다.

이로써 비판이론가들은 합리주의로부터 등을 돌린다. 그들은 합리주의가 나치즘과 같은 전체주의를 준비했다고 주장한다. 비판이론은 개인의 예속상태를 거부하며, 또한 '경제사회적 존재가 의식을 결정한다'는 식의 속류俗流 마르크시즘의 주장도 거절한다. 비판이론은 개개인이 자신의 삶을 회복할 때에야 비로소 인간의 어두운 운명이 밝아질 수 있다고 주장한다.

그렇다면 비판이론 가운데서도 마르쿠제 사상이 지닌 특징은 무엇일까? 그것은 이성적 사회를 실현하는 데 방해가 되는 요인이 단순히 외적이고 사회구조적인 요인에만 머물지 않고, 인간의 내부, 다시 말해 허위의식 및 허위욕구이기도 하다고 보았다는 점이다. 마르쿠제는 자유와 해방을 지향하는 진정한 의식 및 욕구를 창출할 수 있는 원천으로 '에로스의 힘'을 상정하고 있다. 그리고 이러한 발상은 프로이트의 이론으로부터 빌려온 것으로 보인다.

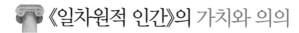

《일차원적 인간》의 가치와 의의

현대 산업사회의 문제를 적시해내다

《일차원적 인간》은 현대 선진산업사회의 모순을 파헤친 역작으로 전 세계로부터 폭넓은 각광을 받았다. 그러나 과연 마르쿠제가 이 책에서 비판의 표적으로 삼았던 선진산업사회의 여러 조건과 상황들이 그 이후에 개선되었는가? 이에 대해서는 의구심을 지니지 않을 수 없다. 이른바 현실은 정보의 홍수 속에서 여전히 새로운 형태의 일차원적 인간들을 양산하고 있기 때문이다.

이와 관련하여 마르쿠제의 논의는 결국 비판에 머물 뿐, 대안을 제시하지는 못했다는 비판에 직면할 수밖에 없다. '그래서 어떻게 하라는 말인가?'라는 비판이 나올 수 있다는 말이다. 그러나 대안을 제시하지 못했다고 해서 무가치하다고 말할 수는 없다. 왜냐하면 현대 산업사회가 안고 있는 문제점을 적시해냈다는 그 자체도 가치가 있기 때문이다. 그것은 언젠가 대안을 찾아낼 수 있다는 점을 암시하고 있다.

비판이론가들의 현실참여에 대한 문제제기도 있다. 마르쿠제가 대학에서의 학생운동을 지지하지 않았다는 내용은 앞서도 말했지만, 아도르노 역시 실천적인 혁명가가 되려고 하지는 않았다. 그 역시 철학의 첫 번째 과제를 현실에 대한 비판과 고발이라고 보았지만, '현실에 직접 뛰어드는 일 외에 이론과 씨름하는 것도 하나의 실천'이라고 주장하였다. 물론 이 때문에 비판이론을 혁명이론으로 받아들인 학생들과 충돌을 빚기도 하였다. 이 점에서는 하버마스도 마찬가지다. 한때 독일 학생운동의 이론적 지도자로 추앙받던 그가 과격파 학생들로부터 연구소까지 침입을 받았다는 사실은 실로 비극적인 아이러니가 아닐 수 없다.

사회에 경종을 울리는 고발정신과 비판정신

1979년 유럽여행 중에 사망한 마르쿠제는 헤겔과 마르크스, 프로이트의 이론들을 통합하여 현대 선진산업사회와 문명에 대한 변증법적인 부정철학 이론을 전개하였다. 그 결과 베트남전쟁과 프랑스의 68혁명(5월혁명이라고도 부르는데, 학생과 근로자들이 일으킨 사회변혁운동) 시기에 학생운동과 좌파이론가들에게 지대한 영향을 미쳤다.

현실에서 비판이론가들의 행태가 어떠했건, 그들의 고발정신과 비판정신은 이 시대에 매우 소중한 유산이 아닐 수 없다. 특히 섹스, 스포츠, 스크린 등 이른바 3S의 우민화 마약에 중독되어 1차원적 자기만족을 즐기며, 권위주의적 지배의 비리를 눈감아버리는 나약하기 짝이 없는 현대인들에게 그들의 외침은 언제나 뜨끔한 경종警鐘(비상사태를 알리는 종. 잘못된 일에 대한 충고를 비유적으로 이르는 말)으로 메아리칠 것이다.

사르트르의
《존재와 무》

인간은 먼저 존재하고,
그 다음에 자신의 본질을 만들어간다

Sartre

사르트르,
노벨문학상을 거부한 프랑스의 지성

20세기 프랑스의 지성을 말할 때 사람들은 사르트르를 그 중심에 세운다. 사르트르는 철학, 문학, 예술, 정치, 사회 등 거의 모든 분야에서 가장 왕성한 지성의 힘을 발휘한 불세출의 거장이었다. 특히 1964년 노벨문학상 수상을 거부한 일로 그의 명성은 더욱 높아졌다.

파리에서 태어난 사르트르는 두 살 때 해군 기술장교였던 아버지를 잃었다. 하지만 그는 아버지가 없는 어린 시절이 자신에게는 오히려 축복이었다고 말했다.

"좋은 아버지란 이 세상에 존재하지 않는다. 만일 내 아버지가 오래 살았다면, 그는 내 머리 위에 군림하며 나를 억압했을 것이다. 나는 내 위의 어떤 존재도 인정하지 않는다."

그 후 사르트르는 외가에서 자랐다. 외할아버지는 '원시림의 성자'로 유명한 슈바이처 박사®의 삼촌으로 프랑스의 명문인 소르본

슈바이처
'생명에 대한 경외'라는 그의 철학이 인류의 형제애를 발전시키는 데 기여한 점을 인정받아 1952년 노벨평화상을 받았다.

대학의 교수였다. 어려서부터 외할아버지의 서재에서 마음껏 책을 읽으며 자란 사르트르는 아홉 살이 된 후에는 센강 주변의 헌책방을 훑고 다니며 모험소설을 비롯한 문학서적을 500여 권이나 구입하여 읽어나갔다.

열한 살 때 어머니가 재혼하면서 의붓아버지와 함께 살게 되었는데, 그의 작품 가운데 유난히 자유를 주제로 한 것이 많은 이유는 억압적인 분위기에서 자란 경험에서 비롯된 것으로 보인다.

보부아르와의 계약결혼

고등학교를 졸업한 후 사르트르는 파리 고등사범학교에 입학했다. 그러나 수업에 제대로 출석하지 않고, 학생들과 교수들을 경멸했으며, 단벌옷에 슬리퍼를 신고 다니면서 주정뱅이로 보일 만큼 술을 많이 마셨다.

그는 스물두 살에 소설 《어느 패배》를 쓰기도 했는데 출판은 거절당했다. 원래 문학지망생이었던 그가 철학자가 된 데는 두 가지 계기가 있었다. 하나는 레포트를 쓰기 위해 베르그송●의 책을 읽었던 것이고, 다른 하나는 그로부터 얼마 후 레이몽 아롱●이 후설●을 소개해준 것이었다.

사르트르는 파리 고등사범학교를 수석으로 졸업했지만 교사자격시험에는 낙방했다. 그로부터 1년을 더 공부한 후에 수석합격을 차지했다. 이때 평생의 동반자인 시몬느 보부아르●를 만났다. 어느 날 영화관람을 마친 사르트르는 그녀에게 한 가지 제안을 했다.

"우리, 2년 동안 계약결혼을 해볼까요?"

이로써 이들은 '일생 동안 서로에게 얽매이지 않고, 생의 반려자

베르그송
프랑스의 철학자. 저서로 《창조적 진화》, 《도덕과 종교의 두 원천》이 있으며, 1927년에 노벨문학상을 받았다.

레이몽 아롱
프랑스의 사회학자. 제1차 세계대전 때에는 드골과 협력하여 런던에서 〈자유 프랑스〉지를 편집하였고, 전쟁이 끝난 후에는 기독교와 휴머니즘의 가치를 재건할 것을 역설하였다.

후설
현상학파를 창설한 독일의 철학자. 프라이부르크 대학 교수로, 철학을 엄밀히 규정된 과학으로 만들어내려 했다. 존재로부터도, 구체적인 주관으로부터도 독립된 '순수의식'을 탐구하여 현상학을 창출했다. 이는 하이데거, 사르트르의 실존주의의 기초가 되었다.

시몬느 보부아르
실존주의 입장에 선 현대 프랑스의 작가이자 철학자. 소르본 대학교 철학과 출신으로, 젊었을 때부터 사르트르와 사상적 동반자로서, 그림자처럼 함께 행동했다.

가 된다'는 자유롭고도 유별난 동거관계를 시작하게 되었다. 사르트르는 삶의 수단으로서 (그의 표현에 따르면) '지긋지긋한 교사 생활'을 시작했다. 고등학교에서 철학 과목을 맡았던 그는 학생들과의 수업은 열심이었지만, 교장이나 동료, 학부모들과의 접촉은 극도로 꺼렸다. 서른두 살 되던 해 10월, 그는 파리의 한 고등학교로 옮겨갔다. 보부아르가 먼저 이곳으로 옮겨와 있었는데, 그들은 같은 호텔에 투숙했지만 서로 다른 방에서 지냈다. 공동생활의 이점利點을 모두 누리되, 거기서 발생되는 불편함을 피하기 위해서였다.

사팔뜨기 자유주의자

사르트르는 작은 키에 사팔뜨기였지만 유머와 센스가 있어 사람들에게 인기가 높았다. 게다가 상대방의 이야기를 귀담아듣고 그 의도를 잘 파악했기 때문에 누구에게나 호감을 샀다. 그러나 자기가 옳다는 확신을 가지고 싸울 때는 자신의 모든 것을 걸고 투쟁했다. 한편, 전통적인 결혼제도에 반대하여 계약결혼을 한 그는 부부 두 사람의 자유를 위해 자녀를 가지지 않았다. 사유재산제도에 반대하여 호텔에서 잠을 자고, 카페에서 일했으며, 식당에서 식사를 했다. '아무것도 소유하지 않는다'는 신조를 가지고 있던 그는 1946년부터 1962년까지 집을 구입해서 사는 동안 커다란 심리적 고통을 느꼈다고 한다.

오른쪽 눈의 시력을 이미 세 살 때 잃었던 그는 1975년에 왼쪽 눈마저 시력이 떨어짐으로써 독서는 물론 집필도 할 수 없게 되었다. 설상가상으로 폐기종까지 앓기 시작했다. 결국 5년 뒤인 1980년 4월 15일, 일흔다섯의 나이에 폐기종으로 사망했다.

🏛 《존재와 무》의 역사적 배경

레지스탕스의 중심에 선 철학자

제2차 세계대전이 일어나자 사르트르는 이등병으로 소집되어 알자스(프랑스 북동부 지방. 프랑스와 독일이 번갈아가며 점령했으며, 나치에 의해 독일에 합병되었다가 1944년 11월 다시 프랑스군이 점령한다) 지방에 배치되었다. 기상반원이었던 그는 비교적 한가하였기 때문에 틈틈이 소설을 썼다. 그러나 1940년에 마지노선*이 무너지면서 독일군이 파리에 입성한 후에 포로가 되었다. 하지만 이듬해 3월, 자신의 눈이 사시인 점을 이용하여 억류된 민간인들 틈에 끼어 들어가 그들과 함께 석방되는 데 성공했다. 그는 즉시 독일군을 겨냥한 레지스탕스* 운동에 참여했다. '아우슈비츠'*가 집단학살의 악마적인 비인간성을 상징한다면, '레지스탕스'는 목숨을 걸고서라도 인간의 자유와 존엄을 지키려는 결단과 투쟁을 상징하는데, 사르트르는 이 레지스탕스 운동의 중심에 서 있는 철학자였다.

사르트르는 이런 가운데서도 1943년 《존재와 무》를 출간한다. 이 책은 출간된 지 13년 만에 46판을 찍음으로써 철학서적으로서 그 유례가 없는 대기록을 세웠고, 그를 단번에 위대한 철학자의 반열에 올려놓았다. 전쟁이 끝난 후, 그는 교사직을 그만두고 자유문필가로 활동했다. 메를로 퐁티, 아롱 등과 함께 〈현대〉지를 창간하여 실존주의 사상을 전개하면서 소설이나 희곡, 평론 등을 발표했다.

또한, '민주주의와 혁명'이라는 단체를 만들어 공산주의 진영과 협력적 관계를 맺기 시작했다. 《공산주의와 평화》에서는 공산주의를 '평화의 기수'라고까지 찬양했다. 한편, 이 무렵부터 오랫동안 교

마지노선
1930년대에 프랑스가 북동쪽 국경선에 건설한 정교한 방어용 장벽으로, 육군 장관 앙드레 마지노의 이름에서 따왔다. 그러나 1940년 독일군이 전차와 비행기로 마지노선 뒤쪽으로 돌아 돌파작전을 감행함으로써 무너졌다.

레지스탕스
제2차 세계대전 때 나치의 지배에 저항하여 독일 점령하의 유럽, 특히 프랑스에서 일어난 지하운동 또는 그 단체를 가리킨다.

아우슈비츠
폴란드에 있었던 독일 최대의 유태인 강제수용소이자 집단학살 장소. 총사망자 수가 600만 명에 이른다는 주장도 있다.

제해왔던 카뮈, 퐁티 등과 사이가 멀어지기 시작했다. 1956년 보부아르와 함께 소련과 중공을 방문했던 사르트르는 그해 가을, 헝가리에서 반공의거^{反共義擧}*가 일어나자 그것을 지지하며 소련의 개입을 비판했다. 소련에서 스탈린 격하운동*이 일어난 후 다시 공산당과의 관계를 회복했지만, 끝내 공산당에 입당하지는 않았다. 그 이유에 대해 사르트르는 다음과 같이 말했다.

"첫째, 내가 부르주아 출신이기 때문이다. 둘째, 비판의 자유를 잃고 싶지 않아서이다. 왜냐하면 공산주의는 비판을 허용하지 않기 때문이다."

노벨상을 거부하다

사르트르는 드골* 정권이 들어선 이후, 그의 독재적 성격에 반대했다. 1958년 프랑스 보호령인 알제리에서 독립전쟁이 일어났을 때, 알제리를 지지하는 투쟁에 가담한 것도 그런 연유에서였다. 당시 이투쟁에 가담한 모든 사람이 체포되었는데, 사르트르만 제외되었다. 한 장관이 드골 대통령에게 그 이유를 묻자, 그는 이렇게 대답했다.

"사르트르 자신이 프랑스이기 때문이지."

1964년에 그는 자전적 소설 《말》을 출판했다. 이 작품으로 노벨상을 받게 되었지만 사르트르는 이 최고의 명예와 5만 달러의 상금을 거부했다. '노벨상이 서구작가들에게 치우침으로써 공정성을 잃었다'는 것이 그 이유였다.

헝가리 반공의거
공산당 독재와 공포정치에 반대하여 시민들이 일으킨 혁명. 소련이 탱크 1,000여 대와 병사 15만 명을 투입하여 진압했다.

스탈린 격하운동
스탈린의 흔적으로부터 벗어나려는 구소련의 정책. 1956년 제20차 전당대회에서 흐루쇼프는 스탈린의 죄악상을 낱낱이 고발했다. 그 후 레닌과 나란히 묻혔던 스탈린의 주검은 크렘린 궁내의 지하로 옮겨졌고, 그의 조각상과 기념물들도 점차 사라졌다.

드골
프랑스의 군사지도자, 정치인. 제2차 세계대전이 끝난 후, 두 차례의 총리와 제18대 대통령을 지냈다.

🏛 《존재와 무》의 주요 내용

구토를 일으키게 하는 것은 무의미한 존재이다

사르트르는 1931년 프랑스 북부의 항구도시 르 아브르에 있는 고등학교에 철학 선생님으로 부임하여 1938년까지 소시민으로 살았다. 일상인으로서의 지루한 삶과 이 항구도시를 배경으로 쓴 책이 바로 《구토》이다.

《구토》의 주인공 로캉탱은 어느 날, 바다에 돌을 던지는 아이들의 흉내를 내려고 돌을 집다가 갑자기 구역질을 한다. 그 뒤로 그는 마로니에 나무뿌리를 보고도 구토를 하는 등 여러 사물들 앞에서 토기吐氣를 느낀다. 하지만 그 이유를 알지 못한다.

과연 주인공에게 구토를 일으키게 했던 것은 무엇일까? 그것은 아무런 이유도, 정당성도 없이 이 세상에 존재하는 것들이다. 사르트르에 따르면, 옛날부터 철학에서 높은 자리에 있던 존재란 사실 신적神的인 것도, 지고至高(가장 높은)의 초월자도 아니다. 그것은 필연에 의한 것이 아니라 우연에 불과하다. 그것은 어떤 원인의 결과로 있다든지, 어떤 목적을 향해서 존재한다거나 하지 않는다. '그저 있다'는 것 이상의 아무것도 아니다. 그저 존재할 뿐이다. 창조되지도 않고 존재이유도 없는 그것은 무의미한 것, 다시 말해 구토를 일으키는 것일 뿐이다.•

인간은 세상에 우연히 던져진 존재다

인간이라는 존재 역시 우연하게 이 세상에 던져졌을 뿐이다. 아무 목적 없이 세상에 던져져 있다는 느낌과 무의미에서 오는 허무

《시지프스의 신화》와 실존주의
실존주의 철학자 알베르 카뮈는 이 책에서 인간의 삶이 허무하고 무가치함에도 불구하고 자신의 삶을 포기하지 않고 계속해서 붙들고 살아가는 것을 '인간의 불합리성'이라 했다. 그는 굴러 떨어질 것을 알지만 끊임없이 바위를 밀어 올려야 하는 시지프스의 운명과 인간의 운명이 다를 게 없다고 보았다.

감, 이것이 바로 주인공으로 하여금 구토를 일으키게 하는 원인인 것이다. 그러나 사르트르는 인간에게 주어진 극단적인 허무를 완전한 긍정의 의미로 탈바꿈시킨다. 그리고 여기에서 핵심적인 역할을 한 책이 바로 1943년에 발표한 논문 형식의 저서 《존재와 무》이다. 사르트르는 이 책에서 실존주의 사상을 체계적으로 기술한다.

아무런 이유도, 사명도 없이 세상에 던져져 목적 없이 살아가는 인간이라는 존재는 오히려 그런 이유 때문에 자유롭다고 말할 수도 있다. 아버지의 심부름을 받고 길을 나서는 아이는 결코 그 책임에서 자유로울 수 없다. 하지만 단순히 놀러 나가기 위해 혼자 집을 나선 아이에게는 어떤 책임도 덧씌워지지 않는다. 갑돌이에게 가건, 을순이에게 가건 자기 마음이다. 숨바꼭질을 하건, 자치기를 하건 그것 역시 자유이다.

이와 마찬가지로 인간은 어떠한 사명이나 의의를 갖지 못한 채 태어났기 때문에 그만큼 자유롭다고 할 수 있다. 그냥 놀고먹고 마시며 허송세월을 보낼 수도 있고, 뭔가 의미 있고 가치 있는 일을 할 수도 있다. 누구로부터 규정되지도 않고 아무런 사명도 띤 것이 없기 때문에 스스로의 존재를 창조해나갈 수 있는 것이다.

가령, 우리가 만드는 도구에는 나름대로 모두 본질과 사명이 있다. 칼을 만들 때에는 잘 베기 위해서이고, 연필을 만들 때에는 글씨를 쓰기 위해서이다. 따라서 벨 수 없는 칼은 칼이 아니며, 글씨를 쓰지 못하는 연필은 연필이 아니다. 이처럼 칼이나 연필 같은 모든 사물은 (사르트르 식 표현을 빌자면) 본질이 실존에 앞선다. 어떤 목적이나 사명이 먼저 주어진 다음, 이 세상에 존재하게 되는 것이다.

실존은 본질에 앞선다

하지만 인간은 이와 정반대이다. 인간에게는 달성해야 할 어떤 목표나 실현해야 할 어떤 본질이 없다. 인간은 사명을 띠고 이 땅에 태어난 것이 아니다. 무엇을 위한 존재도 아니다. 신으로부터 어떤 고상한 사명을 받아 태어난 것도 아니고, 나라와 민족을 위해 부름을 받은 것도 아니다. 그냥 인간존재 그 자체로 출발했을 뿐이다. 어떻게 하다 보니 우연히 세상에 던져졌을 뿐이다. 물론 인간은 의식을 가지고 있으며, 그런 점에서 그 자체에 머무는 다른 존재와는 구별된다. 그렇다면 의식은 일반적인 의미의 존재와 어떻게 다른 것일까?

'존재'는 인간에 의해 의식되건 않건 간에 그 자체로서 본래부터 존재한다. 깊은 산속에 피어난 한송이 꽃이나 무인도에 뿌리 내린 한 그루의 나무는 사람이 보아주건 안 보아주건 간에 존재한다. 길가에 나뒹구는 돌멩이나 골짜기를 흐르는 물은 인간의 시선과 무관하다. 사르트르는 이것을 즉자卽自, en-soi라고 불렀다. 반면에 '의식'은 항상 다른 존재와의 관계 속에서만 존재한다. 의식은 그 자체로서 존재하는 것이 될 수 없고, 그 무엇에 관한 의식으로서만 존재한다. 대상이 없는 의식은 의식이 아니다. 의식은 항상 그 대상을 전제로 한다. 의식의 이런 성격을 사르트르는 대자對自, pour-soi라고 불렀다. 그 자체로서 있는 존재(즉자)는 타자他者와 어떤 관계에 있는 것이 아니며, 타자에 의해서 창조된 것도 아니다. 그러므로 존재는 필연이 아니라 우연이다. 그저 있을 뿐이다. 이것은 인간존재에도 똑같이 적용된다.

그러나 대자로서의 이 의식은 즉자인 존재의 축소 또는 약탈과 다름없다. 과일 속을 파먹는 벌레와도 같이 이것은 존재의 알맹이 속으로 의식의 무無를 도입한다. 존재의 구멍인 무에 의해 의식(대자)의 구조가 생긴다. 의식은 단순히 무엇에 대해서뿐만 아니라, 자기 자신에 대해서도 항상 무를 개입시켜 거리를 두고자 한다. 인간은 의식을 소유하고 있으면서 동시에 대상으로도 존재한다. 인간은 자기 자신이 의식의 주체이면서 동시에 의식의 대상임을 알고 있다. 인간은 스스로를 대상화하여 바라볼 줄 아는 유일한 존재이다. 사르트르는 이러한 대자로서의 인간에 대해 다른 사물처럼 '존재' 하는 것이 아니라 '실존實存'한다고 말한다.

실존이란 인간의 자기초월적인 존재방식이다. 현재의 자기를 부정하고 더 나은 자기를 향해 나아간다. 인간은 미래를 향해 끊임없이 자기 밖으로 자기를 내던짐으로써, 즉 투기投企함으로써 현재를 뛰어넘는다. 인간이란 스스로 만들어가는 것 이외의 아무것도 아니다. 사물의 경우에는 과거의 원인이 현재의 결과를 규정하지만, 인간행위에서는 반대로 미래가 현재를 규정한다. 인간은 미래의 많은 가능성 가운데 어느 하나를 선택하여 투기한다. 이렇게 보면 인간의 자유란 본래부터 주어진 것이라기보다 가능성을 향한 스스로의 계획과 더불어 얻어지는 것이다.

아무런 계획도, 아무런 필연성도 없이 이 세상에 태어난 인간은 스스로의 존재를 만들어가지 않으면 안 된다. 아무 이유 없이 세상에 던져졌다고 하는 극단적인 허무의식이 도리어 인간에게 진정한 자유를 깨닫게 해준다. 이제부터 나는 스스로 선택하고 행동하며 나의 본질을 창조해가야 한다. 인간은 스스로 삶의 의미를 만들어가는 존재이고, 바로 여기에서 "실존은 본질에 앞선다"라는 사르트

르의 유명한 말이 나오는 것이다. 인간은 실존(존재)이 먼저이고, 본
질은 나중이다. 다시 말해 인간은 먼저 존재하고, 그 다음에 자신의
본질을 만들어가는 것이다.

인간은 자유가 선고된 존재이다

인간의 자유는 무한하다. 아무 일이나 선택할 수 있고, 무엇이든
지 될 수 있다. 그러나 인간은 자신이 결코 완전히 꽉 찬 즉자처럼
될 수 없음을 잘 알고 있다. 아무리 자유를 잘 활용하여도 탄탄한
만족에 도달할 수 없음을 알고 있다. 그럼에도 불구하고 인간존재,
즉 실존은 미래를 선택하고 계획하지 않으면 안 된다. 따라서 인간
의 자유는 축복받은 것이 아니라 저주받은 것이며, 끝끝내 우리를
놓아주지 않는 형틀이다. 인간은 좋건 싫건, 항상 스스로 자신의 미
래를 선택하지 않으면 안 된다. 자유란 인간이 스스로 쟁취한 것이
라기보다 인간에게 숙명적으로 주어진 것이다. 인간은 기꺼이 선택
을 하는 것이라기보다 어쩔 수 없이 선택을 해나가야 한다.

그런데 나와 또 다른 하나의 자유인 타인他人과의 관계는 어떨까?
다른 사람의 시선 속에서 나는 하나의 대상이 되고, 나는 나의 존재
를 선택함으로써 동시에 타인, 나아가 전 인류의 존재를 선택하는
것이 된다. 이로부터 나의 자유는 제한받게 된다. 나의 행위는 나 아
닌 다른 사람에게도 즉시 영향을 미치므로, 나의 선택은 다른 사람
들, 나아가 인류의 전체 이상理想과 합치하는 쪽으로 나아가야 한다.
내가 좋다고 하여 아무렇게나 살 수 없는 이유가 여기에 있다. 자유
란 아무렇게나 행하는 자의恣意와 다르다. 자유에는 반드시 책임이
따른다. 그러므로 나의 선택은 보편적이어야 하며, 나의 행위는 인

류의 이상과 합치되지 않으면 안 된다.

사르트르의 실존주의는 파닥거리며 생동하는 인간의 삶을 사고(이성) 안에 가두어두려는 모든 철학에 반대한다. 그것은 우리로 하여금 삶 그 자체에 주목하게 하고, 급박하게 실천으로 몰아간다.

《존재와 무》의 가치와 의의

유럽 사상계에 나타난 한 줄기 빛

《존재와 무》는 제2차 세계대전 중인 1943년에 출판되었다. 사실 유럽에서는 제1차 세계대전 후부터 철학 전반에 걸쳐 깊은 반성이 시도되어 왔다. 패전국 독일에서는 하이데거, 야스퍼스와 같은 철학자가 등장하여 현실의 인간존재를 직시直視하고 그 진실한 존재방식을 찾고자 애를 썼다. 이들 철학은 단순히 인생의 가치관에 머무는 것이 아니라, 근대철학의 인식론(주관과 객관의 대립이라고 하는 틀)을 극복하여 새로이 현대철학을 수립하려 했다.

물론《존재와 무》는 역시 실존철학의 입장에 서서, 존재론을 주장하는 것이었다. 하지만 사르트르는 하이데거와 달리, '의식'의 영역에 집착하는 후설의 현상학적 입장을 지지하면서 그 위에 존재론을 세우려 했다. '현상학적 존재론의 시도'라는 부제副題가 붙어있는 이유이기도 하다. 그런 의미에서 이 책은 대단히 어렵기도 하고, 매우 급진적인 사상을 내포하고 있다. 그럼에도 불구하고, 제2차 세계대전 후 혼란을 거듭하고 있던 유럽의 사상계에 한 줄기 빛으로 나타났다는 사실은 부인할 수 없으며, 이후로도 거의 4반세기 가까이 인류에 지대한 영향을 주고 있다. 하지만 사르트르는 극단적 자유의 개념을 제시했다는 점, 급진적인 허무주의자이자 무신론자라는 점에서 비판을 받기도 했다.

참고문헌

강성률, 《2500년간의 고독과 자유》, 형설, 2005

_____, 《철학의 세계》, 형설, 2006

_____, 《청소년을 위한 서양철학사》, 평단문화사, 2009

_____, 《한 권으로 읽는 서양철학사 산책》, 평단, 2009

_____, 《철학 스캔들》, 평단, 2010

_____, 《위대한 철학자들은 철학적으로 살았을까》, 평단, 2011

강영계 편저, 《철학의 흐름》, 제일, 1987

강영계, 《철학의 이해》, 박영사, 1994

강정인 외 14인, 《서양의 고전을 읽는다》, 휴머니스트, 2006

김두헌, 《서양윤리학사》, 박영사, 1988

박정하 외, 《동서양 고전 읽고 쓰고 생각하기》, 세종서적, 2007

반덕진 편저, 《서울대 선정 동서고전 200선》, 가람기획, 2006

방누수, 《청소년, 책의 숲에서 꿈을 찾다》, 인더북스, 2012

서울대학교 기초교육원, 《창조적 지식인을 위한 권장도서 해제집》, 서울대학교출판부, 2007

소비에트 과학 아카데미 철학연구소 편, 이을호 역, 《세계철학사》, 중원문화, 2008

손철성 편역, 《자본론》, 풀빛, 2005

안광복, 《청소년을 위한 철학자 이야기》, 신원문화사, 2001

안병웅, 《꿈의 해석》, 풀빛, 2006

영남철학회, 《위대한 철학자들》, 미문, 1984

차마고도 편저, 《청소년을 위한 세계의 문학》, 큰곰자리, 2010

철학교재편찬회 편, 《철학》, 형설, 1991

토론논술연구소, 《청소년을 위한 세계의 사상》, 자우, 2007

하영석 외, 《칸트철학과 현대사상》, 형설, 1984

황광우, 《철학하라》, 생각정원, 2012

B. 러셀, 최민홍 역, 《서양철학사》, 집문당, 2001

한스 요아힘 슈퇴리히, 《세계철학사》, 분도, 1981

I.F. 스톤, 편상범 · 손병석 역, 《소크라테스의 비밀》, 자작아카데미, 1996

요한네스 힐쉬베르거, 강성위 역, 《서양철학사》, 이문, 2008

청소년이
꼭 읽어야 할
서양고전

초판 1쇄 발행 2013년 8월 2일
개정판 1쇄 발행 2014년 4월 14일
개정판 2쇄 발행 2016년 1월 20일

지은이 강성률
펴낸이 김옥희
펴낸곳 아주좋은날
기획편집 이미숙, 박소연
디자인 안은정
마케팅 양창우, 김혜경

출판등록 2004년 8월 5일 제16-3393호
주소 서울시 강남구 테헤란로 201 501호
전화 (02) 557-2031
팩스 (02) 557-2032
홈페이지 www.appletreetales.com
블로그 http://blog.naver.com/appletales
페이스북 https://www.facebook.com/appletales
트위터 https://twitter.com/appletales1

ISBN 978-89-98482-08-4 44150
ISBN 978-89-98482-06-0 (세트)

이 도서의 국립중앙도서관 출판시도서목록(CIP)은 서지정보유통지원시스템 홈페이지(http://seoji.nl.go.kr)와
국가자료공동목록시스템(http://www.nl.go.kr/kolisnet)에서 이용하실 수 있습니다.
(CIP제어번호 : CIP2013010800)

아주좋은날은 애플트리테일즈의 경제·실용·아동 전문 브랜드입니다.